症スペクトラムの子の

ソーシャルスキルを育てる本

幼児・小学生編

監修
本田秀夫
信州大学医学部
子どものこころの発達医学教室教授
日戸由刈
相模女子大学人間社会学部
人間心理学科教授

健康ライブラリー
スペシャル
講談社

まえがき

自閉症スペクトラムの子は、集団行動を好みません。彼らには「対人関係が苦手」で「こだわりが強い」という二大特徴があり、まわりの子どもに合わせて行動を調整することが難しいのです。どこにいても、自分のやり方やペースを優先して行動しがちです。

彼らは保育園や幼稚園、学校などで、集団行動になかなかうまく入れません。年齢を重ねるにつれ、ひとりで行動することを好み、孤立していきがちです。なかには、集団行動を嫌がるあまりに、小学生の頃から家にひきこもりがちになってしまう子もいます。

そのような悩みを解消するためには、子どもの「ソーシャルスキル」を育てることが大切です。ソーシャルスキルとは、社会のさまざまな集団や活動に参加するための能力や態度、考え方などです。

自閉症スペクトラムの子は、ソーシャルスキルが育ちにくいともいえます。しかしそれは、一般的なやり方が苦手だということにすぎません。じつは、親がサポートしてやり方を調整し、その子なりのソーシャルスキルを育てるようにすれば、社会参加することは十分に可能です。

この本ではそのような視点に立って、自閉症スペクトラムの子どもに必要なソーシャルスキルをまとめています。

多くの人はソーシャルスキルとして、「あいさつ」や「公共の場での態度」、「協調性」などをイメージし、それらを子どもに教えがちです。しかし、自閉症スペクトラムの子に必要なスキルは、そのようなものではありません。とくにまだ子どもが幼い頃には、そのようなスキルを無理に教えようとすることが、かえってその子の成長を妨げる可能性があります。

自閉症スペクトラムの子に、とくに幼児や小学生の頃に必要なのは、もっと基本的なスキルです。基本中の基本スキルを、子どもの特性に配慮した形で教えること。それが、その子の成長をうながす最良の支援です。この本を最後まで読めばわかってもらえると思います。ぜひこの本を使って、子どものソーシャルスキルを、その子に合った形で育てていってください。

信州大学医学部
子どものこころの発達医学教室教授
本田秀夫

もくじ

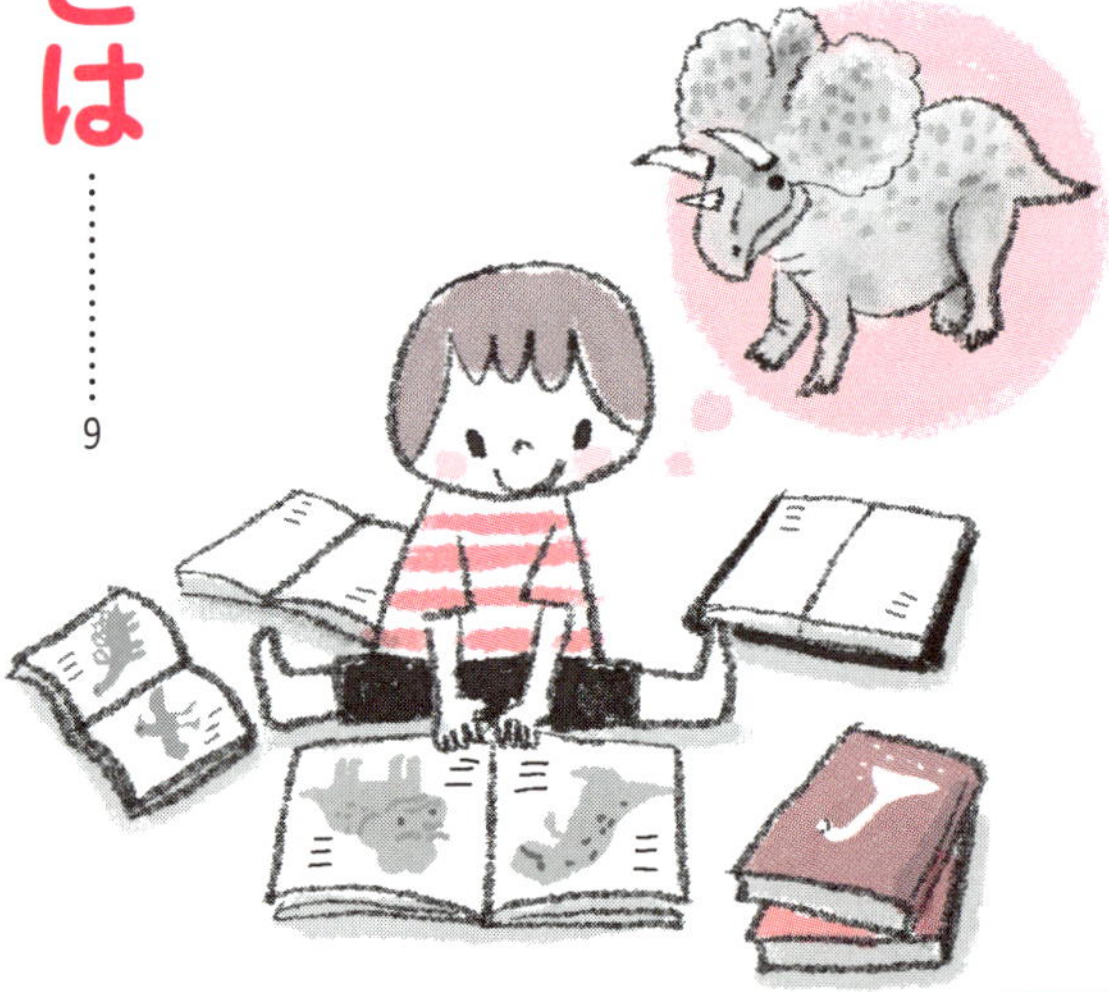

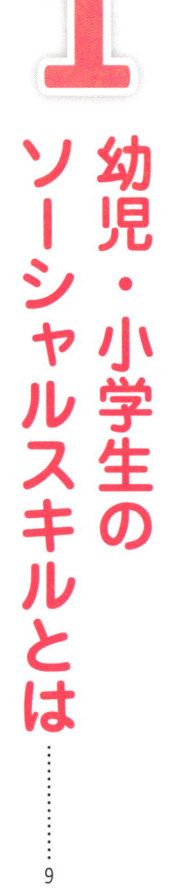

3 生活のなかでスキルを活用できるように

なぜ幼児期からソーシャルスキルを育てるのか

1 自閉症スペクトラムの子は、人といっしょに行動するのが得意ではありません。みんなと遊ぶことよりも、ひとりで興味のあるものに集中することを好みます。

ひとりで虫を観察するのが好き。その好奇心を尊重したいけれど……

2 好きなことを楽しみ、人と違うことでがんばるのはよいのですが、そのままではマイペースがすぎ、社会のルールからはずれてしまう場合があります。

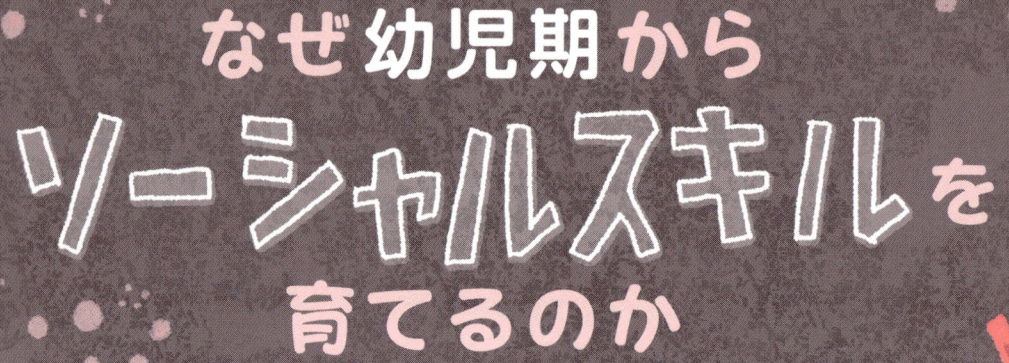

食べたいおやつを自分
で選ぶ。その経験が、
スキルを形作っていく

3 子どもが社会のルールを守りながら、のびのびと生きていけるように、親がサポートして、その子のソーシャルスキルを育てていきましょう。

▸▸ ソーシャルスキルの基礎知識は第１章へ

4 ソーシャルスキルの基礎は、幼児期から育ちはじめます。おやつを渡すときのような、ごく簡単なやりとりが、じつはスキルの土台になっています。

▸▸ 基本スキルの育て方は第２章へ

5 基本的なやりとりをくり返し経験した子は、生活のなかで応用的なやりとりをすることにも、意欲をもてるようになっていきます。そうして、スキルが育っていくのです。

▸▸ 応用スキルの育て方は第３章へ

「トイレに行きたい」
など、自分の気持ちを
親に伝えられるように

6 ソーシャルスキルを育てるときには、方法や手順よりも、子どもが意欲的にとりくめることのほうが大切です。その子の気持ちやペースを大事にしましょう。

▸▸ サポートのコツは第４章へ

7 子どもの特徴や気持ちに配慮しながらやりとりを続けていくと、その子のスキルが育つとともに、親の対応力もアップします。親ものびのびと子育てできるようになっていきます。

▸▸ 親にとっての効果は第５章へ

ソーシャルスキルが育っていけば、子どもは自分らしさを失わず、人と深刻なトラブルになることもなく、おだやかに暮らせる

1

幼児・小学生の
ソーシャルスキルとは

幼い子どもは、まだひとりで社会に出ていけません。
その子にとっての社会は家族を中心とした、小さなものです。
子どもは家族や友達とのやりとりを通じて、
ソーシャルスキルを身につけていきます。
自閉症スペクトラムの子の場合、友達付き合いが苦手な分、
親子のやりとりがより重要になってきます。

発達の遅れや得意・不得意の凸凹が目立つ

なぜ「遅れ」にみえるのか

発達障害の子には、ほかの多くの子とは異なる「特有の発達スタイル」があります。「発達の遅れ」があるようにみえる場合もあります。

「授業中は黙って座っている」というマナーがなかなか身につかない
まわりの子ができていることが、なかなかできないと、発達が遅れているようにみえる
実際には遅れもあれば進んでいる部分もある。「特有の性質（特性）」と考えるほうがよい

目安や平均には一致しにくい

発達障害の子は、発達が全体に遅れている場合もあれば、得意なことと不得意なことの凸凹が目立つ場合もあります。

しかしそれは、発達の目安や平均値に一致しにくいというだけ。目安はノルマではありません。発達障害の子は、その子なりの発達スタイルで成長していきます。あせらず、目安と比べたりせずに、暮らしていきましょう。

発達障害の子には心理的・行動的な特性があり、ほかの子どもとは考え方や感じ方、行動の仕方が違います。その特性に配慮しながら育てていけば、彼らのスキルはしっかりと伸びていきます。

発達障害にはいくつかの種類がある

発達障害の子にはそれぞれに特有の性質があります。それは個々に異なるものですが、医学的にはおおまかにいくつかの種類に分けて考えます。

発達障害

特有の発達スタイルがあり、それが生活上の支障となっている状態。医学や教育、行政など各分野によってこまかな定義は異なる。原因は先天的な脳機能の異常だと考えられている。

自閉症スペクトラム

自閉症の特徴をもつ仲間の総称。知的障害をともなう自閉症、高機能自閉症、アスペルガー症候群などが含まれる
（12 ～ 15 ページで特徴をよりくわしく紹介）

ADHD

注意欠如・多動性障害。多動、衝動的、不注意という特徴が幼い頃からみられる状態。気が散りやすく、落ち着きがないようにみえる

LD

学習障害。全般的な知能水準に比べて、読み書きや計算などの学習面の一部だけが極端に苦手な状態

複数の発達障害が併存することがある。特徴が重なって現れ、区別が難しい場合もある

そのほか

発達障害にはほかにも発達性協調運動障害やチック、トゥレット障害なども含まれる

知的障害

全般的な知能水準が標準より低く、それが生活上の支障となっている状態。自閉症と併存することがある

自閉症スペクトラムとは

スキルを自然に身につけるのが難しい

ソーシャルスキルが育ちにくい

　自閉症には「対人関係が苦手」で「こだわりが強い」という特徴があります。そのような特徴を示す自閉症の仲間を「自閉症スペクトラム」と総称します。

　自閉症スペクトラムの子は、ほかの子どもやまわりの人との関係を築くことが苦手で、集団のなかにいるよりも、ひとりでマイペースにすごすことを好みます。

　本人はまわりの人を頼らず、自分なりのやり方で生活することを選びがちです。そのままでは、社会で役立つソーシャルスキルがなかなか育ちません。スキルを育てるためには、親やまわりの人のサポートが欠かせないのです。

困難の程度は個々に違う

　自閉症スペクトラムの特徴の強さや現れ方は一人ひとり違っていて、生活上の困難も子どもによって異なります。

自閉症スペクトラム

　自閉症の特徴があること。障害に当てはまる場合もあれば、そうではない場合もある。

自閉症スペクトラム障害

　生活上の支障が出ている状態。福祉的な支援を必要とする。医療的な診断が出る場合が多い。

ほかの問題の併存群

　自閉症の特徴にうつや不安などの症状が併存していて、その症状が生活上の支障となっている状態。

非障害自閉症スペクトラム

　自閉症の特徴はあるが、生活上の支障はない状態。本人も家族も気づいていない場合がある。

自閉症スペクトラムの主な特徴

主な特徴は「対人関係が苦手」で「こだわりが強い」ことです。ほかに感覚の異常や記憶力・想像力のかたよりなどの特徴があります。（14 ～ 15 ページに続く）

特徴1

対人関係が苦手

対人関係で臨機応変にふるまうことが苦手です。乳幼児期からさまざまな場面に現れるので、家族が違和感をもっていたりします。

乳児期

赤ちゃんのときに抱っこを嫌がったり、あまり泣かなかったりする。また、1 歳前半頃に言葉が出たのに 1 歳半～ 1 歳後半頃に言葉が出なくなる「折れ線現象」が起こることがある

幼児期前半

親の反応をうかがう「社会的参照」や、親のみているものなどに注意を向ける「共同注意」の出現が遅い。言葉は人の発言のくり返しが多い。うなずいたり首を振ったりして動作で意思を示すことが乏しい

幼児期後半

保育園や幼稚園でほかの子との会話にずれが目立ちはじめる。また、関わり方が一方的だったりいつも受け身だったりして、うまくいかない。話し方が不自然になる子もいる

学齢期

コミュニケーションのずれがさらに目立つように。大人びた言い方や冗談の通じないところがほかの子にうとまれたり、身振りや視線で意思表示することが難しかったりして「空気が読めない」と言われてしまう

対人関係がより複雑になる思春期以降には、恋愛や上下関係、仕事の付き合いなどにもすれ違いが出てくる

親がスズメをみつけて「スズメよ」と声をかけ、指を差しても、反応しない

特徴2

こだわりが強い

興味のあることや自分のやり方、ペースを本能的に優先したがります。特定のおもちゃや道具、道順などに強くこだわることがあります。

ミニカーを自分の決めたルールで並べることを好み、その遊びを毎日のようにくり返す

遊び

おもちゃの種類や使い方などにこだわる。一定の遊びを好み、ままごとのように場面が柔軟に変化する遊びはあまりしない

手順

作業の手順や道順、ものの配置などにこだわる。居間のテーブルが少しずれただけでも直そうとしたりする

ルール

ものごとに本人なりのルールをつくり、それを自分だけでなく、家族などまわりの人にも守らせようとする

興味

昆虫や車、恐竜など、特定のものに過度にのめりこむ。大人顔負けの知識をたくわえたりする

トップへのこだわり「一番病」

興味のあることへの知識や、得意な教科の点数などで、一番になることにこだわる子もいます。一番以外ではパニックを起こすほどのこだわりになる場合もあり、そのような状態を「一番病」と呼ぶこともあります。そのようなこだわりが定着する前に、六八ページのような対応をおこない、価値観を調整することが必要です。

牛乳の味やにおいが感覚的に苦手で、どうしても飲めないという子もいる

特徴3

感覚の異常

聴覚や触覚などの感覚に異常がある子もいます。ほかの子は気にしないような、小さな物音などを極端に嫌がることがありますが、まわりにはなかなか理解されません。

特徴4

記憶力のかたより

興味のあるものや過去の出来事を覚えるのは得意で、曖昧なものや未来を想像するのは苦手。記憶力が極端に強い子もいます。

特徴5

運動が苦手

工作のように手先を使う動きや、キャッチボールのように全身を使う動きが、苦手な子もいます。ただしそれらが得意な子もいます。

子どもによって特徴の現れ方は違う。「対人関係が苦手」「こだわりが強い」という特徴は多くの子にみられるが、そのほかの特徴は個人差が大きい

苦手なことが多くて
スキルが身につきにくい

多くの子は家族や学校の先生、友達とのやりとりを通じて、さまざまなソーシャルスキルを自然に身につけていきます。

しかし自閉症スペクトラムの子の場合、対人関係が苦手でこだわりが強いという特徴があるため、人との交流を通じてスキルを身につけることや、それをさまざまな場面で応用していくことが、簡単ではありません。

その子の特性に合った形でスキルを習得していけるように、幼児期から親がサポートしていく必要があります。

ソーシャルスキルとは

幼児期の親子関係が基礎になる

幼児期のソーシャルスキル

幼い時期には、まだ社会との関わりはそれほど多くありません。ソーシャルスキルといっても、相手は主に親や家族です。

幼児期にもっとも大事なのは、親に相談するスキル

ソーシャルスキル

社会と適切に関わるためのスキル。とくに「人に相談すること」と「社会のルールを守ること」が大切

困ったとき、人を頼り、人に相談するスキル

自閉症スペクトラムの子は、親や先生の指示にそって的確に動くことが苦手です。そのため、大人は彼らにコミュニケーションの練習をさせようとしがちです。

しかし彼らはコミュニケーションの微妙な違いを理解するのは苦手で、その点では練習してもなかなかうまくなりません。

彼らには、柔軟なコミュニケーションで社会と関わることではなく、彼らなりの方法で社会性を発揮することを期待しましょう。ポイントは、困ったときに人を頼り、人に相談する力を育てること。それが彼らに特有のソーシャルスキルを育てるコツです。

「朝起きたらカーテンを開ける」というような、簡単なルールを経験することからはじめる

2つの習慣で育っていく

ソーシャルスキルで重要なのは相談とルールの順守です。どちらも幼児期から日常生活のなかで習慣にすることができます。親が2つの習慣を意識することで、子どものスキルが少しずつ育っていきます。

人に相談する

困ったときに親や家族などに相談すること。幼児期には子どもがタイミングよく相談するのは難しいので、親が積極的に手伝ったり相談にのったりしたほうがよい

ルールを守る

社会のルールを守ること。幼児期にはまず家庭のルールを子どもに理解させることから。自閉症スペクトラムの子には具体的に、少しずつ伝えるのがよい

社会参加しやすくなる

相談とルールの順守が身につくと、家族とのやりとりで困ることが減る。それが社会参加する力の基礎になる

二次的な問題の予防に

集団のなかで困ることが減り、将来、不登校やひきこもり、抑うつ症状の発症などの二次的な問題が起こりにくくなる

社会に合わせるスキルではない

自閉症スペクトラムの子にとって、ソーシャルスキルで重要なのは、人に合わせる協調性ではありません。彼らは協調性を意識しすぎると、人の発言をすべてルールのようにとらえ、それに振り回されてしまうことがあります。

人に合わせることではなく、一定のルールを理解させ、誰が相手でも一定の行動がとれるように、教えていきましょう。

ソーシャルスキルとは

「自律スキル」と両輪になるもの

幼児期の自律スキル

ソーシャルスキルは「自律スキル」と同時に育っていくものです。自律スキルは文字通り自分を律するスキルですが、幼児期にはスキルの習得より、自己肯定的な感情をもつことが重要です。

幼児期には興味のあることや得意なことにとりくみ、自信をはぐくみたい

自律スキル

自分で自分をコントロールするスキル。自分にできること・できないことを理解し、できることを着実にこなすのが大切。どんなことも自分でおこなう「自立」とは違う

もうひとつの重要なスキル

ソーシャルスキル以外にもうひとつ、重要なスキルがあります。自律スキルです。

ソーシャルスキルは社会のルールを守り、困ったら相談するという、社会性のスキル。いっぽう自律スキルは、自分にできることを着実にこなすという、自律性のスキルです。子どもが社会で自分の特徴をいかして暮らしていくためには、どちらも欠かせません。

二つのスキルは別々に育つものではなく、同時に育ち、同時に発揮されるものです。ソーシャルスキルを育てていくと、同時に子どもが自分を律することもできるようになっていきます。

決められた位置からパジャマのセットをとり出すというように、規則的な作業なら習得しやすい

ソーシャルスキルと同時に育つ

困ったときに人に相談するソーシャルスキルと、できることは自分でする自律スキルは、車の両輪のようなもの。ソーシャルスキルが育てば、同時に自律スキルも育っていきます。

できることは積極的に

子どもがすでにできること、得意なこと、好きなことには積極的にとりくめるように、親が環境を整える

できないことは支援して

苦手なことや嫌いなことまで、自分でやらせようとしない。親がサポートする。親に相談する習慣をつけていく

自分で自分をコントロール

自分ですること、人に頼ることを区別できるようになっていく。無理をしないという意味で、自分をコントロールするようになる

自己理解が深まる

子どもが自分の特徴を生活のなかで徐々に理解していく。自己肯定感がより強くなる。その歩みが大人になっても続く

「できない」という判断も必要に

自分を律するためには、できることだけでなく、できないことも理解する必要があります。

自律スキルを身につけていく過程では、子どもが苦手なことに対して「これは自分には難しい」という自覚をもつことも大切です。

苦手なことに自信をもって「難しい」「できない」と言えるようになるのも、自己肯定的な感情の一部なのです。

コラム

SST をすればスキルが育つ？

ＳＳＴはソーシャルスキルトレーニング

ソーシャルスキルを育てるための方法に「ＳＳＴ」があります。ＳＳＴとはソーシャルスキルトレーニングの略で、日本語では社会技能訓練などと訳されます。社会で人と接するための技術を鍛えるトレーニング法です。

「行列に並ぶ」「友達との口論」などの場面を設定し、適切な発言や行動を子どもが考えたり練習したりします。適切な行動パターンを学べますが、形式的な学習になることなどに課題があります。

メリット

- 特定の場面でのふるまい方が理解できる
- 適切な行動パターンを増やしていける

デメリット

- もともと苦手なことなので、子どもが負担を感じやすい
- 行動パターンを増やすために多くの練習が必要となる
- 練習しても、設定通りの場面でないと混乱する場合が多い

過剰な訓練になってしまいがち

ＳＳＴでさまざまな場面でのふるまいを覚えるのも、社会性を育てるためのひとつの方法です。

ただ、自閉症スペクトラムの子はパターンを身につけても、それを現実の場面に合わせて微妙に調整するのは苦手です。練習したふるまいがうまく使えず、また練習が必要になることもあります。

そのように、過剰な訓練になりがちなので、ＳＳＴにとりくむときには注意が必要です。本書はその点に配慮し、より基本的で負担の少ない方法を心がけています。

2

幼児期から身につけたい「5つの基本スキル」

自閉症スペクトラムの子の
ソーシャルスキルを育てるためには
「相談すること」と「ルールを守ること」が重要ですが、
幼児期にはお菓子を選ぶ、毎朝起きるといった
ごく基本的なことからとりくみはじめましょう。

5つの基本スキルを育てていく

ソーシャルスキルの基本とは？

対人関係の苦手な自閉症スペクトラムの子に、せめて基本的なソーシャルスキルだけでも教えようとして、あいさつや丁寧な言葉づかい、公共の場での態度などを説明する人がよくいます。

しかし、彼らは場の状況を読みとり、言動を調整することがもともと苦手です。相手をみて敬語を使うことなどは、彼らにとって基本スキルとはいえません。かなり高度な応用スキルです。

自閉症スペクトラムの子は、人とやりとりをすることそのものが少なくなりがちです。まずは親が子どもとのやりとりを大切にすることからはじめましょう。

親が手伝うのがポイント

自閉症スペクトラムの子は、自分から人とやりとりし、ソーシャルスキルを身につけていくことが苦手です。親が会話や生活のサポートを積極的におこない、子どものスキル習得を手伝いましょう。

「毎朝一定の時間帯に起きる」というのも社会のルールのひとつ。まずは親に手伝ってもらいながら、そのようなスキルを少しずつ身につけていく

親が手伝う

子ども本人の力では難しくても、親が少し手伝えばできることがたくさんある。親がそれを探し、積極的に手伝って成功させる

↓

体験が増える

子どもは体験を通じて、親に希望を伝えたり、親といっしょに生活習慣を身につけたりする。それがソーシャルスキルの基礎となる

最初に育つ５つのスキル

幼児や小学生の頃には、ソーシャルスキルのなかでもとくに基本的なスキルが育ちます。親とやりとりをすることや、毎日を規則正しくすごすことなど、暮らしの基本といってもよいことが、ソーシャルスキルの基盤となります。

「パジャマを持っていく」というような、子どもができることを習慣にする。それを親が感謝したり、喜んだりする。そういった日々のやりとりが、子どものスキルの基礎をつくる

５つの基本スキル

1 人に希望を伝える

自分のしたいこと、好きなことを人に伝えるスキル。親に希望を伝えることをくり返すと、習慣として育っていく

▸▸24 ページ参照

2 生活リズムを整える

規則正しく、健康に活動するスキル。幼児期から親が生活リズムを整えることで、子どももその生活に慣れていく

▸▸28 ページ参照

3 人に手伝ってもらう

自分ひとりではできないことがあるとき、人に相談して手伝ってもらうスキル。幼い頃に親を頼る経験によって育つ

▸▸32 ページ参照

4 人といっしょに楽しむ

興味のあることや得意なことを、人といっしょに楽しむスキル。親と出かけることがスキル発達のカギになる

▸▸36 ページ参照

5 人といっしょに喜ぶ

うまくできたときなどに、まわりの人と喜び合うスキル。親に感謝されたり、笑顔で話しかけられたりすることがスキルの基礎になる

▸▸40 ページ参照

2つのお菓子をみせて、希望を聞く

やり方

親が選択肢を示す

親子のやりとりのなかに、子どもが自分の希望をはっきりと表明できる機会をつくっていきましょう。方法は簡単で、親が2つの選択肢を示すだけです。

1 お菓子を食べるときのように、ごく日常的な場面で、子どもに自然な形で選択肢を示します。2つのお菓子をみせて、好きなほうを選ばせるだけでかまいません。「よく考えて」などと声をかけず、子どもの判断をゆっくり見守ります。

今日はおせんべいと
チョコレート、
どっちがいい？

ひとつのお菓子を用意して渡すのではなく、2つ用意してみせる

どちらでもよい選択肢を

2つの選択肢は、どちらも子どもの好きなもので、なおかつ親が簡単に用意できるものにする。「苦手な野菜のどちらかを食べる」という嫌な選択肢では、快い経験にならない。

POINT

外出するときに持っていく絵本を、2冊のなかから選ぶのもよい。このような体験を日常的に増やしていく

2 お菓子以外のものごとも、選択肢にできます。絵本やおもちゃ、遊びの種類、出かける場所など、子どもが希望するものならなんでも選択肢にしてみましょう。

3 いつも「選択肢、選択肢」と考えていると、親が疲れてしまいます。無理をせず、ふと気づいたときに実践するくらいのとりくみ方にしましょう。

選択肢を探さなくてよい

ポイントは「いま適度な選択肢がある」と気づいたとき、自然に実践すること。「次にすることにはどんな選択肢があるか」などと、わざわざ探さなくてよい。

POINT

レストランで子ども向けのメニューがひとつしかないときにまで、選択肢を考えなくてよい

どうしてこのやりとりが大切なのか？
この習慣でどんなスキルが育つのか？
次のページへ続く

児童館へ行くと、いつも同じおもちゃへダッシュ。本人の希望が表れてはいるが、それを人に伝える形になっていかない

なぜ「選択肢」が大切なのか

うまく選ぶのが苦手な子だから

自閉症スペクトラムの子は、いくつかの選択肢のなかから、自分の希望にも、場の状況にも合うものごとを選ぶのが苦手です。とくに幼児期には、まだ自分自身の気持ちをつかめていないことも多く、希望を伝えることがうまくできません。

自閉症スペクトラムの特性

こだわりはもっている

特定のものごとへの関心は強く、自分のやり方へのこだわりもある。しかしその調整が難しい

気持ちをうまく言えない

自分の気持ちを自分でも把握しきれていない。漠然と希望を聞かれても、うまく答えられない

選択する経験が不足する

好きなことばかりしていて、ほかの選択肢に意識が向かわない。選択する経験、希望を伝える経験が不足しがちに

自分の選択にとらわれる

無理やり選択させると、子どもが自分の決断にとらわれて、本当は嫌なことでも決めた通りにしようとする場合がある

年齢を重ねるうちに、親が選択肢を示していないときにも希望を言えるようになっていく

どんなスキルが育つのか

困ったとき人と相談するスキルのベースに

親が選択肢を示し、子どもが選ぶというやりとりが、じつは相談の原型になっています。やりとりを通じて子どもは、親に希望を伝えれば、よいことがあるという経験をします。その経験が、困ったら親やまわりの人に相談するというスキルにつながっていきます。

選びやすい状況があれば

シンプルな2つの選択肢を用意し、子どもがただ好みを言えばよいという状況をつくる。それを日常的にくり返す

希望を伝える習慣がつく

子どもは、親の提案をみて、自分の好みを答えるという経験を積む。それが「人に希望を伝える」スキルになっていく

相談するスキルのもとに

希望を伝えるスキルは、なにかしたいことができたとき、人に話しかけるスキルのもとになる。相談の基礎ができあがっていく

応用スキルへの広がり

希望を伝えることができる子は、難しい課題に直面したとき、無理をしなくなります。トイレの手順を覚えること（応用スキル⑤）や、学校の宿題にとりくむこと（応用スキル⑧）などで、困ったら親を頼れるようになります。

毎日なるべく同じ時間に起きる

やり方

朝起きる時間帯をそろえる

親が規則正しい生活をすると、子どもにとってそれが当たり前になります。健康的で社会的な生活の基礎ができていきます。

朝食の時間や家族それぞれが出かける時間を、だいたいそろえる。親が率先して動く

1 毎朝、なるべく同じくらいの時間帯に起きるようにしましょう。特別に早起きする必要はありませんが、極端に寝坊しないように注意します。子どもが保育園や幼稚園、学校に大幅に遅刻せず通えていれば、それで十分です。

時刻を決めないほうがよい

自閉症スペクトラムの子は時刻など、数字にこだわりがち。目標の時刻を定めてしまうと、そこから少しずれただけで子どもがストレスを感じる場合がある。おおよその時間帯でそろえるほうがよい。

POINT

テレビ番組などを活用して

休日にはよく、子ども向けのテレビ番組が放送されている。それを楽しみにして早起きするのも、ひとつの方法。

POINT

2 できれば平日だけでなく、休日も同じくらいの時間帯に起きましょう。そうすることで、生活リズムが安定しやすくなります。休みの日に昼すぎまで寝ているという人は、生活をちょっと見直してみてください。

休日の朝に少しがんばって起き上がるようにすると、生活リズムが安定する

3 毎日同じくらいの時間帯に起きていると、眠くなる時間帯もだいたいそろってきます。とくに意識しなくても、夜更かしすることが減っていきます。

毎日朝から元気に活動しているので、夜になったら眠くなる。健康的な生活に

どうしてこのやりとりが大切なのか？
この習慣でどんなスキルが育つのか？

次のページへ続く

好きなことには時間を忘れて没頭しがち。幼い頃から夜遅くまで集中してしまう場合もある

なぜ「朝起きる」のが大切なのか

リズムが乱れやすい子だから

自閉症スペクトラムの子は、生活リズムよりも自分のペースを優先しがち。生活が不規則になりやすいのです。幼児期には親の影響を受けやすいというところもポイントです。

自閉症スペクトラムの特性

子どもが「過集中」しやすい

自閉症スペクトラムの子は好きなことに「過集中」しやすい。それで生活リズムが乱れてしまう

子どもがもともと疲れやすい

コミュニケーションや集団行動など、ほかの子が簡単にできることで苦労しているため、ほかの子よりも疲れやすい

＋

ほかの要因

親が予定をつめこみすぎ？

子どものスキルを伸ばしたいと思うあまり、習い事や日課、勉強などで毎日夜遅くまで活動してしまう家庭も多い

親の生活が乱れている？

現代社会では多忙な親が多く、親の生活リズムが不安定になりがち。見直すのは難しいかもしれないが、過度な乱れは調整したい

規則正しいほうがストレスが少ない？

自閉症スペクトラムの子は、毎日することが違う刺激的な生活よりも、規則正しい生活を好みます。そのほうが、自分のペースを保ってすごせるからです。

生活リズムを一定にするというと、窮屈な感じがするかもしれませんが、子どもにとってはそれがストレスの少ない暮らしになるのです。ただし、前のページでふれたように、時刻までそろえる必要はありません。

一定の時間帯に、定められた持ち物を持って学校へ。ルールにそった活動が定着していく

どんなスキルが育つのか

ルールにそって活動しやすくなる

生活リズムを整えれば、心身の調子も安定します。そして一定のリズムにそって活動する経験が、一定のルールを守る経験の基礎にもなっています。ルールにそって、健康に活動するスキルが育っていきます。

心身の調子が安定する

生活リズムが安定すれば、体調も安定する。疲れがとれやすくなり、気持ちも安定しやすくなる

ルールを守れるようになる

一定の生活ができるようになると、同じように一定のルールにそった活動ができるようになっていく

二次的な問題の予防になる

生活リズムが大きくくずれて園や学校に通えない日が出てくると、それが将来の不登校につながる場合もある。リズムを整えればそのような問題が予防できる

応用スキルへの広がり

生活リズムが整えば、それを起点にして生活全体を整えていくことができます。暮らしの「わが家ルール」を理解すること（応用スキル①）や、そのルールを運用していくこと（応用スキル②）に、とりくみやすくなります。

食事や着替えは親が手伝ってスムーズに

やり方

手伝ってうまくやっていく

食事や着替えなどの生活習慣も、ソーシャルスキルのひとつです。子ども本人の努力にまかせるのではなく、親がどんどん手伝い、うまくいきやすい状況をつくりましょう。

1 子どもが食事をするときには、テレビを消したり、食卓からよけいなものを片付けたりして、食べることに集中できる環境を整えます。それが食事という生活習慣を身につけるためのささやかなコツです。

ニュース番組をみたくても、食事をしている間はテレビを消す。それが子どものたすけになる

食べ物の調整もサポートの一環

食べ物を少なめにすると、子どもが食べ終わるまで集中力を保てる。足りなければおかわりを。また、種類もむやみに増やさないほうがよい。食べるかどうかわからないものは、なるべく食卓に出さない。

POINT

2 着替えのように、子どもが最初から最後までおこなうのが難しいことでは、親がより積極的に手伝うようにします。衣服の管理や選別は親がおこない、子どもは着替えに集中させます。

衣服をTPOに合わせて選ぶのは、自閉症スペクトラムの子には難しい。親が選んで渡すようにする

3「パジャマをたんすからとり出す」「脱いだ衣服を特定のかごに入れる」など、子どもができていることは本人にまかせましょう。その活動に集中できるように、親がほかのことを手伝います。

子どもが無理なくできることは本人にやらせる。できたときには声をかけるとよい

着替えではパジャマが活用できる

衣服を選ぶのは難しいが、パジャマのように季節ごとに規則的に替わるようなものなら扱いやすい。「パジャマをとり出すことだけは子どもにまかせる」など、着替えの習慣の第一歩として活用できる。

POINT

どうしてこのやりとりが大切なのか？
この習慣でどんなスキルが育つのか？

次のページへ続く

きょうだいが毎日食器を片付けていても、まねしようとしない

なぜ「手伝い」が大切なのか

手伝わないと失敗しやすくなるから

自分のやり方にこだわりがある子は、一般的な生活習慣を身につけていくことに苦労しがちです。そのままでは失敗をくり返し、スキルが育たない場合もあるので、親が手伝って成功体験を増やしましょう。

自閉症スペクトラムの特性

人をみて学ぶのが苦手

自閉症スペクトラムの子はまわりの人を観察し、自分に必要なことを吸収してスキルにしていくことが苦手

学んだことの調整も苦手

まわりの人が教えてくれたことはしっかりと学べるが、一度覚えたことをその後調整するのは苦手

うまく学べず失敗してしまう

生活習慣を適度に学ぶことができず、同じことで何度も失敗してしまう。しかし自分のやり方に固執する

独自のやり方が定着する

失敗してもやり方を調整できず、独自の生活習慣が定着してしまう。ソーシャルスキルとして育っていかない

大人になっても服装を決められない？

生活習慣を身につけるときに適度なサポートを得られず、失敗をくり返していると、やがて本人が意欲を失い、すべて親まかせになってしまうことがあります。

たとえば着替えでは、本人に衣服をとり出す習慣が身につかず、大人になっても親に出してもらうという場合があります。そのようなやりとりが定着する前に、適度にサポートしましょう。

自分で着替えることが衣服への興味を引き出し、数年後に「洗濯物をたたむ」という習慣につながる場合もある

どんなスキルが育つのか

ものごとへの興味が広がる

　食事や着替えなど、ひとつの生活習慣を自信をもっておこなえるようになった子は、もっと多くのことを自分でやってみたいと思えるようになります。その意欲や興味をもとにして、さまざまなスキルを習得していきます。

一つひとつの習慣が育つ

親に手伝ってもらいながら、できることをひとつずつ増やしていく。ひとつの習慣が定着すれば、その関連の習慣も学びやすくなる

着替えることがうまくできれば、衣服に興味をもてるようになり、服装を考えることへとスキルが広がる

食べることに集中でき、食事が習慣として定着したら、食器の用意や片付けなどにも意識が向く

トイレや入浴、歯みがき、洗顔などのスキルも、できることからとりくんで、少しずつ増やしていく

洗濯や掃除にも興味がもてるようになり、親に手伝ってもらいながら家事にとりくむ子どももいる

応用スキルへの広がり

　親に手伝ってもらって自分のことができるようになった子は、ほかのことに関心を広げていきます。自分からおもちゃを片付けたり（応用スキル⑦）、親の手伝いに意欲を示したり（応用スキル③）する場合があります。

家族で楽しめるところへ出かける

どこかに
遊びに行こうか？
行きたいところは
ない？
・・・・

本人が好きなゲームをしているときに、抽象的な内容で誘いをかけても、効果は薄い

1 自閉症スペクトラムの子を漠然と誘っても、なかなかのってきません。そのままでは子どもの興味が広がらず、好きなことばかりするようになっていきがちです。

やり方

ほどほどに外出する

子どもが車や昆虫など特定のことに興味をもっているなら、その興味に合った場所へ出かけましょう。特定の場所ばかりではなく、興味をいかしてさまざまなところへ行ければ、より理想的です。

POINT

ゲーム以外の趣味をもちたい

ゲームのように長時間熱中できるものが趣味になると、それだけにしか興味が向かず、行動範囲が狭くなって、ソーシャルスキルが育ちにくくなる。ゲームは気晴らしとしてはよいが、ほかにも趣味をもてるようにしたい。

子どもが恐竜に興味をもっているなら、博物館に誘ってみる。外に出かけて、みたりさわったりして楽しむのが大切

2 子どもが楽しめそうなところを探して、具体的に誘ってみましょう。自閉症スペクトラムの子はカタログ的な知識を好むため、動物園や水族館、博物館などがおすすめです。

学ぶ意欲のきっかけにも

恐竜展やロボット展での経験が、理科を学ぶ意欲を引き出したり、模型を趣味にするきっかけになったりすることもある。無駄だと思わずに、出かけることを続けたい。

POINT

3 ときには親や家族が好きなところへ、自閉症スペクトラムの子を連れ出すのもよいでしょう。その子が嫌がらなければ、試してみる価値はあります。

水泳の好きな父親が子どもをプールに連れていくうちに、その子の意欲が引き出され、スイミングスクールに通うようになることも

どうしてこのやりとりが大切なのか？
この習慣でどんなスキルが育つのか？

次のページへ続く

なぜ「外出」が大切なのか

好みや活動が広がりにくいから

自閉症スペクトラムの子はこだわりが強く、本人まかせにしておくと、興味の対象や行動範囲がなかなか広がりません。むしろ狭まっていきがちです。

家の中で好きなことだけをしていて、ほかのことはなにもしなくなるという子もいる

自閉症スペクトラムの特性

興味の極端なかたより

自閉症スペクトラムの子は興味や関心の対象が特定のものにかたよりやすい。知識的・規則的なものごとを好みがち

↓

好きなものにはのめりこむ

電車や昆虫など、好きになったものにはとことんのめりこむ。図鑑を暗記するほど読みこむ子もいる

ほかのものには反応もしない

まわりの子が好んでいるキャラクターなど、興味の対象外のものには、まったく関心を示さない

↓

社会との接点が狭くなる

家で好きなことだけしていればよいという姿勢になり、社会との接点が狭くなって、ひきこもりがちになる子もいる

「こだわり保存の法則」がある

幼児や小学生の頃には電車にこだわっていた子が、やがて車に興味を移し、次はレーシングカーにこり出すなど、こだわりの対象を変えていくことがあります。

　その場合、当初こだわっていた対象への熱量は減りがちです。まるで「こだわり保存の法則」があって、こだわりの総量には上限があるようです。そのように意識して子どもをみてみると、誘いやすくなるかもしれません。

親子で釣りを楽しむうちに、それが子どもの趣味になり、ストレス解消につながっていくこともある

どんなスキルが育つのか

余暇をのびのびとすごせるように

ゲーム以外の趣味をもてた子は、成長してから余暇をのびのびとすごせるようになります。自分がくつろげる場所や活動を知っていて、それを利用できるというスキルは、心身の健康にとってきわめて重要です。

楽しめることをみつける

子どもの興味に合いそうなところへ連れ出し、多彩な経験を積ませるうちに、子どもが楽しめることがみつかる

自分でくつろげるように

子どもは自分の興味を満たす活動を覚えていく。やがて自分ひとりでも楽しみはじめ、余暇にくつろげるようになる

外に出ることが習慣に

楽しみながら外出する経験を積むと、交通機関の使い方や、店舗でのふるまいなどが必要に応じて身についていく

応用スキルへの広がり

出かける習慣は、体を動かす習慣ともいえます。運動面のサポート（応用スキル⑨）にもつながります。また、さまざまな場で多様な経験をすることが、勝負へのこだわりの解消（応用スキル⑩）をたすけます。

親が「ありがとう」と言う習慣をつける

やり方

大人が習慣を見直す

親が日頃から「ありがとう」「よかったね」などと声をかけ合い、人と喜び合う経験をしていれば、子どもにもその習慣が根付いていきます。親がまず習慣を見直しましょう。

1 親どうしが、ちょっとしたことでも「ありがとう」と言うようにしましょう。わざわざアピールする必要はありません。自然にそのような習慣をつけていきます。

パパがハサミをとってくれたことに、ママが「ありがとう」と言う。そういう瞬間を増やしていく

ほかにもこんな言葉で

「ありがとう」のほかにも「どうぞ」「すみません」など、便利な言葉の使い方を親が示していく。「よかったね」「ドンマイ」など、子どもの気持ちによりそう言葉をかけるのもよい。やりとりが広がりやすくなる。

POINT

2 親どうしのコミュニケーションに加えて、親が子どもに「どうぞ」「ありがとう」と声をかける機会ももうけましょう。このときも、感謝の意図をわからせようなどとよけいなことは考えず、自然にやりとりをします。

ジュースを渡すようなちょっとしたときに「どうぞ」と一声かける

3 子どもが「ありがとう」などと答えればそれはそれでよいことですが、受け答えの練習をしているわけではないので、返答がなくてもかまいません。

外出先でパパがアイスを買ってくれたら、ママが子どもに「よかったね」などと伝える。気持ちを言葉で表現する習慣をみせる

どうしてこのやりとりが大切なのか？
この習慣でどんなスキルが育つのか？
次のページへ続く

無理に教えようとしない

自閉症スペクトラムの子の場合、受け答えを習得するのは小学校高学年や中学生になってから。幼い頃はまだ教えても難しい。経験としては、見本をみせるくらいで十分。

POINT

レストランで店員に声をかけるときには「すみません」と言うと気持ちよくやりとりできることを、いつも見本としてみせる

なぜ「ありがとう」が大切なのか

あいさつの価値を感じとりにくい

自閉症スペクトラムの子は感謝の言葉やあいさつによって人間関係を築いていくことが苦手です。そもそもあいさつに価値を感じにくいという特徴があります。

自閉症スペクトラムの特性

あいさつへの関心が弱い

自閉症スペクトラムの子は相手や状況に合わせてあいさつを調整することがよくわからず、関心もあまりもてない

そのままでは関心が育たない

子どもが自分からあいさつに価値を見出すことは簡単ではない。親が日頃から機会を増やし、あいさつの喜びを表現したい

身につかないまま大人に

あいさつの価値が理解できず、習慣としても身につかないまま大人になってしまう場合がある

「あいさつは応用」だと考えたい

「あいさつはコミュニケーションの基本」といわれることもありますが、自閉症スペクトラムの子の場合、「あいさつは応用」です。

彼らにとってコミュニケーションの基本は、人に用事をはっきり伝えること。あいさつのように特別な用のない言葉は、基本的にはいらないものなのです。あいさつは、教えるとしても、もっと成長してからでかまいません。

あいさつへの理解は少しずつ深まっていくもの。中高生になる頃には、先生におじぎをして退室できるようになったりする

どんなスキルが育つのか

言葉をかわすことに価値を感じるように

子どもがまだ幼い頃には、あいさつを数多く教えていくことよりも、あいさつするのは気持ちよいという価値観を育てていくことのほうが重要です。親が感謝する習慣をみせることは、価値観の醸成につながっています。

最初はやりとりを確立することから

感謝の言葉を教えるよりも先に、選択肢を示すことや出かけることなどを通じて、親子のやりとりを確立していく

「ちょっとした一言」も教えていく

子どもが親とのやりとりを快適に感じるようになってきたら、「ありがとう」のような簡単な一言を教える

やがて気持ちもわかってくる

ちょっとした一言を日常的に使うようになると、人に感謝する気持ちや人に喜んでもらえたときのうれしさも少しわかってくる

応用スキルへの広がり

言葉で人に気持ちを伝えることへの関心が育つと、年中行事を通じて人に贈り物をする体験（応用スキル⑥）など、より豊かな交流ができるようになっていきます。家事を分担するとき（応用スキル④）に感謝し合えるという成長もみられます。

基本スキル習得の効果

子どもがやりとりに意欲と価値を感じられるように

意欲をそこなわないことが最大のポイント

幼児期から親が子どもをサポートし、親子の間のやりとりを大切にすることで、その子のソーシャルスキルの基本が育ちます。

そして基本スキルが育っていけば、その子は人と関わることを極端に嫌がったり、さけたりしなくなります。自閉症スペクトラムの子は対人関係で失敗し、社会参加への意欲を失ってしまうことがよくあるのですが、そのような問題が起こりにくくなるわけです。

基本的なやりとりを身につけるとともに、社会参加への意欲をもったまま成長していけること。それこそが、幼児期に基本にとりくむことの最大の効果です。

子どもが意欲を維持できる

親子で気持ちよくやりとりしながら生活習慣を身につけていくと、子どもはそれから先も、人とのやりとりや社会のルールを守ることに、意欲をもってとりくめます。

得意な水泳を通じて「人といっしょに楽しむ」スキルを伸ばしていけば、自信もいっしょに育つ

やりたい気持ちが続く

基本スキルを育てるときには、子どもの意欲や興味を大切にする。そうして意欲を守ることが、将来の意欲や努力の基盤になる

自信をもってとりくめる

子どもに無理をさせず、できることや得意なことでスキルを育てていくため、子どもの自信や自己肯定感も育つ

「やってよかった経験」に

親とやりとりし、課題にとりくむことが、成功につながっていくため、子どもが「やってよかった」と感じる

子どもの価値観が変わる

「親とやりとりをすると、できることが増えていく」という経験が、子どもの価値観を変えていきます。人と関わることに意欲や心地よさを感じられるようになっていくのです。

「親に声をかけたほうがよい」と考えられるようになると、ちょっとしたことも報告しはじめる

親とのやりとりに価値を見出す

子どもが「親に相談する」「親といっしょにとりくむ」ということに、価値を感じるようになっていく

ソーシャルスキルの土台に！

ひとりで活動するよりも、親とやりとりをするほうがうまくいくという経験や考え方が、ソーシャルスキルの土台に

この時期はスキル以前の話から

幼児期の基本は「人に希望を伝える」「生活リズムを整える」など、ソーシャルスキルとしてはごく初歩的なものばかり。親としては物足りないかもしれませんが、初歩的であることがじつは重要です。

自閉症スペクトラムの子は対人関係が苦手です。ソーシャルスキルをほかの子よりもゆっくりと、独特のやり方で身につけていきます。彼らに幼い頃から高度なスキルを求めると、過度の負担をかけてしまいます。この時期にはスキル以前の初歩的なことからとりくんでいきましょう。

コラム

専門的な支援プログラムを参考に

療育機関でもソーシャルスキルを育てている

発達障害の子に、その子の特性に合った発達をうながし、それによって生活の質の向上をめざす対応法を治療教育（療育）といいます。医療的な対応も含めた、より専門的な教育です。

療育をおこなっている病院やセンターなどを療育機関といいますが、そのなかにはソーシャルスキルを育てるとりくみをおこなっているところがあります。

専門家の対応が家庭生活の参考になる

本書は、そのような療育機関のとりくみを参考にしています。

監修者の本田秀夫・日戸由刈は、発達障害の療育をおこなう横浜市総合リハビリテーションセンターで、長年にわたって子どもたちのソーシャルスキル育成にとりくんできました。その成果の一部が、本書にとり入れられています。

専門家の組み立てた支援プログラムを参考にするのも、ソーシャルスキルを育てるときのひとつの方法です。

支援プログラムの例

●「はじめてのソーシャルスキル」プログラム

幼児や小学生に共同作業や贈り物、お手伝い、仲間付き合いを体験させ、社会参加に向けた価値観や態度を育てていくとりくみ。子どもがとりくみやすい環境を用意し、成功を保障するのがポイント。

● COSST プログラム

小学生くらいの子どもにエチケットとマナー、話し合い、趣味に関する会話などを適度に体験させ、その子の社会参加をサポートするとりくみ。より応用的に、趣味のグループをつくる活動もある。

3

生活のなかで
スキルを活用できるように

基本スキルが育ってくると、子どもは親に希望を伝えたり、
苦手な活動を手伝ってもらったりすることが、
自然とできるようになってきます。
日常生活のさまざまな場面でスキルを活用でき、
その経験を通じて、より豊かな応用スキルを身につけていきます。

幼児・小学生の応用

日常的にスキルを使う機会をつくる

基本スキルと意欲が土台に

親が子どもに無理をさせず、じっくりと基本スキルを育てていくと、その子は人と関わることへの意欲をもったまま、成長していけます。そのスキルと意欲が、これから育てていく、より豊かなスキルの土台となります。

基本スキルを育てる

第２章で解説したように、親が子どもとのやりとりを大切にし、その子の基本スキルをじっくりと育てていく

意欲を守る

基本スキルを育てるとき、子どもに無理をさせないのがポイント。その子が人と関わることへの意欲を守る

親と公園へ出かけることが習慣に。外出をいっしょに楽しむというスキルや意欲が育っていく

基本スキルをさまざまな場面で使う

日頃から親子のやりとりを大切にして、子どもの「人に希望を伝える」「人に手伝ってもらう」といった基本スキルを育てると、その子はさまざまな場面でスキルを活用できるようになっていきます。

身のまわりのことや家事、道具の管理、勉強、運動、遊びなどにとりくむとき、基本スキルを使うことで、子どもはそれらの活動を無理なく経験・学習できます。

子どもは基本スキルを使って経験を積み、さまざまな場面に参加する力を身につけていきます。そうして、いわば応用スキルを習得し、社会性をより豊かに発揮できるようになっていくのです。

いっしょに楽しむことをベースにして、アスレチック施設などで体をよく動かすことへと活動を広げていく。運動面のソーシャルスキルが育つ
▸▸66 ページ参照

応用スキルへと広げていく

基本スキルと意欲を土台にして、生活のなかで実践を広げていきましょう。子どもは基本スキルを得意なことやできること、好きなことに使いながら、より応用的なスキルへと発展させていきます。子どもに無理をさせないよう、親が環境や機会を整えることが大切です。

応用スキルを育てる

基本スキルを身のまわりのことや家事、道具の管理などに活用していく。そうすることで、より応用的なスキルが育つ

基本スキルを得意分野で活用する。苦手なことの克服には使わない

苦手なことでは無理をさせない

集団行動のように、子どもが苦手としていることにまで、無理に基本スキルを活用しなくてもよい。苦手なことは親がサポートする

5 つの視点で考える

親の希望や一般論ではなく、子どもに合った活動で、スキルを身につけていく。ポイントは 5 つ。その子が無理なく、楽しく、いますぐできることで、なおかつ家族の文化から大きくはずれるものでもなく、将来役に立ちそうなことであれば理想的。

- 発達レベルに合っている
- 子どもの興味に合う
- 子どもがすぐにできそう
- 家族の文化に合っている
- 将来たぶん役に立つ

POINT

暮らしに「わが家ルール」をつくる

やり方

相談してルールを決める

おもちゃの使い方やごみの捨て方のように、子どもにも深く関わる習慣について、親子で相談して「わが家ルール」を決め、実践します。

カレンダーをみせながら、ゲームで適度に遊ぶためのルールを提案する

1 たとえばゲームに過集中する子の場合、ゲームをする時間を決めましょう。親が「土日の昼間」「月水金の夕方」などと提案し、子どもが選びます。

なぜ「ルール」が大切なのか

やりたいことだけになってしまうから

興味のあることを優先しがちで、ルールを定めておかないと、やりたいことは無制限、やりたくないことは一切やらないという行動パターンになることがあります。

ルールがあれば守れる

曖昧なものごとを嫌い、規則的なものごとを好む。ルールがきちんと定まれば、それを守ることはどちらかといえば得意

自閉症スペクトラムの特性

決定した順序を書き出す。できたところには花丸を書いて、進行度を実感できるようにする

2 マンガやゲームに熱中して、入浴などがあとまわしになってしまう場合には、それらの活動の順序を決めるとよいでしょう。園や学校から帰宅したあとの日課を一覧にして、宿題や入浴、歯みがきなどの順序を親から提案します。

子どもに合った伝え方で

提案はみやすく。ホワイトボードに書き出す、カードにして並べる、写真で示すなど、子どもによって伝わりやすい方法は違う。

POINT

3 決まったらルールを実践。親もそのルールを守ります。試してみて、親子のどちらかがルールを守りきれない場合には、相談してルールを変更し、また実践してみましょう。

どんなスキルが育つのか

非常識なことが減っていく

自分の好きなやり方を通すことや、人から聞いた話にとらわれて非常識なふるまいをすることが減ります。思春期にはこづかいや門限も相談できるようになっていきます。

ゲームをはじめる前に宿題にとりくめるようになる

応用スキル ❷

生活のなかで

ルールの変更と その準備を経験させる

やり方

４月をさけ、予告してから変える

「わが家ルール」(50ページ参照)を大きく変えるときには、子どもに前もって予告し、準備期間をもうけましょう。その際、４月をさけるのがポイントです。

1 「習い事をはじめる」「お手伝いにとりくむ」「ひとりで入浴する」といった大きなルール変更には、準備期間が必要です。子どもと相談し、期日を決めましょう。

2 期日は数週〜数ヵ月先に。正月や誕生日など、区切りのよい日にしましょう。その後、ルール変更のために必要なことを確認・練習します。

習い事なら、期日までに通い方を確認したり、体験教室に参加したりする。誕生日を迎える頃には心の準備ができている

なぜ「4月以外」が大切なのか

新学期には環境が変化するから

4月には新年度がはじまります。子どもがとくに緊張する時期です。家庭内の変更をわざわざ重ねる必要はありません。4月以外で区切りのよい日を選びましょう。

4月は新しいクラスや教室に慣れることだけでも精一杯

ほかの要因

4月はとくに負担が重い

進学したりクラス替えがあったりして、環境が変化しやすい。それが子どもの負担に

自閉症スペクトラムの特性

もともと変化が苦手

環境の変化が苦手。「急な雨で体育を中断する」というような常識的な変更でも、事前に予告されていないとパニックに

入浴は一定の年齢で区切ったほうがよい？

子どもが洗顔や体を洗うことを苦手としている場合、家族がいっしょに入浴して手伝うことが習慣になりがちですが、時期をみてルールを変更し、ひとりで入浴できるように教えていきましょう。

変更を提案するとき、客観的な根拠を示すのがおすすめです。入浴の場合、銭湯などで子どもが異性の親といっしょに入れる年齢が、各地の条例で定められています。だいたい九歳頃です。そのような例をあげて相談してみましょう。

どんなスキルが育つのか

準備を大切にするように

新しいものごとでも、準備をすれば混乱せずにとりくめるようになります。その結果、子どもが準備することに価値を感じ、そうするようになっていきます。新しいことに戸惑い、社会参加の機会を逃すことが減ります。

応用スキル ③

生活のなかで

お手伝いは水やりなど、簡単なことだけ

1 子どもが食事や着替えなど、自分の身のまわりのことをできるようになり、家事にも興味をもちはじめたら、親子でいっしょにとりくんでみましょう。

やり方

気づいたときに、ちょっと頼む

家事をしていて、子どもがすぐにできそうなことがあったら、ちょっとお手伝いを頼んでみましょう。ルールにしないで、気づいたときに実践します。

洗濯かごをリビングに持っていってちょうだい

洗濯ものをとりこむ作業を子どもがながめていたら、声をかけてみる

なぜ「頼む」のが大切なのか

言わないと伝わりにくいから

興味のないことや習慣になっていないことに、自分からとりくもうとしない傾向があります。親が頼むことが、子どもにとって、新しい活動に目を向けるよいきっかけとなります。

生活の幅が広がりにくい

自分のやり方や一定のペースを好み、新しいものごとには意識がなかなか向かない

自閉症スペクトラムの特性

規則的な作業が得意なので、水やりのように時刻や分量のパターンがある家事は頼みやすい

2 子どもによって、好みの家事は違います。本書の例にとらわれず、子どもに合うものを頼むようにしたいものです。5つの視点（49ページ参照）で考えるとよいでしょう。

- 玄関の靴をそろえる、しまう
- カーテンや雨戸の開け閉め
- 植物に水をやる
- ふきんでテーブルをふく
- リモコンを定位置に戻す
- 食事の前に食器を並べる
- たたみやすい洗濯物をたたむ
- 各部屋のごみ箱を集める、戻す

どんなスキルが育つのか

自分にできることがわかる

幼い頃は、まだ家事の役割を受けもつという段階ではありません。ふとしたときに手伝う程度で十分です。そうした経験を重ねて子どもは「自分にできること」を理解し、それを通じて人と関われるようになっていきます。

いまは「家事でうまくいった」という単発の経験で十分

その経験は将来、家事の基礎スキルとしても役に立つ

応用スキル
4

生活のなかで

得意な家事があれば、一部まかせてもよい

簡単なお手伝いとして、各部屋のごみ箱を集めてもらう。さらに興味を示したら、次の作業を説明してみる

やり方

意欲的にとりくめることはまかせる

子どもが発達し、お手伝いなどの経験も増えてくると、より高度な家事にもとりくもうとするときがあります。その場合は、作業を一部まかせてもよいでしょう。

1 幼児や小学生のときに頼めるのは、基本的には簡単なお手伝い（54ページ参照）です。それ以上のことは、本人がやりたがったときに教えましょう。

なぜ「意欲」が大切なのか

まだ無理はできない時期だから

くり返しになりますが、この時期の家事は、まだ役割という段階ではありません。本人が自分から意欲的にとりくんでいる場合に、はじめて教えることができます。

特定の作業にこだわる場合がある

ごみ捨てや各所の掃除など、特定の作業にこだわりをもち、それを自分でやりたがる場合がある

自閉症スペクトラムの特性

風呂を掃除する

タオルやハンカチ、
靴下などを干す

掃除機をかける、
雑巾をかける

2 たとえば整理することが好きな子で、ごみの分別やごみ捨ても自分でやりたがっているのなら、それは止めなくてもよいでしょう。

調理の下ごしらえ。
ただし刃物や火を
使わない作業

ごみを分別し、
集積所に
出しに行く

米をとぐ、
ご飯を茶碗によそう

食器を洗う、
ふく

ごみのまとめ方や出す場所、
注意点などを具体的に説明
してから作業をまかせる

チェック表は要注意

家事のチェック表をつくると、役割分担や達成度がわかりやすくなります。しかし、自閉症スペクトラムの子の場合、チェックすることへのこだわりが生じて、家事そのものへの関心が広がらなくなってしまうケースがあります。チェック表の使用という手段が目的化しないように見極めましょう。

どんなスキルが育つのか

自分から活動するスキル

家事に興味をもち、役割をもつことを希望して、それを実践するという経験は、ただ家事を習得できるだけでなく、自分から社会参加するスキルの基礎にもなっていきます。

応用スキル ❺

生活のなかで

トイレなどの手順は いっしょに確認する

やり方

トイレを子どもまかせにしない

トイレや歯みがき、洗顔、入浴などの生活習慣は、やり方だけ説明して本人まかせにするのではなく、最初のうちは子どもについていき、いっしょに手順を確認します。

1 子どもがトイレへ行くとき、親についてきてほしいと言ったら、なにもすることがなくてもついていきましょう。そのやりとりは「人に希望を伝える」スキルにもつながります。

親がいっしょにいれば、子どもは安心してトイレを使える。そのとき手順もみておく

2 ついでにトイレの手順をチェック。便座や便器、トイレットペーパーの使い方、手の洗い方、衣服の整え方などを親が確認します。

電灯が自動的に光るのをこわがって商業施設のトイレを使えず、帰宅するまでがまんしている子もいる

なぜ「確認」が大切なのか

意外なことで悩んでいる場合がある

子ども本人が「できている」と言っていても、じつはお尻をふけていない場合などがあります。親が積極的に確認し、子どもの悩みや苦しみを解消してあげてください。

自閉症スペクトラムの特性

感覚面の異常がある

触覚や聴覚などが敏感な子がいる。お尻がうまくふけない、トイレで水を流せない、外出先のトイレが使えないなどの悩みにつながる

自分を客観視するのが苦手

トイレのあとに衣服を整えることなどを意識しにくい。服装が乱れやすい

人から学ぶのが苦手

ほかの人がトイレを使う様子をみて、自分の習慣としてとり入れることが苦手

「感覚過敏」があったら

子どものトイレの様子をみていて、触覚や聴覚の過敏性などが感じられたら、医師など専門家に相談してみてください。診察や検査で調べることができます。

その結果、感覚面の異常が確認されたら、その子の苦手なことをさけ、別の方法で生活習慣を教えていきます。

どんなスキルが育つのか

適切な習慣が身につく

幼児期から手順を確認し、感覚面の異常などに対処しておけば、習慣を見直し、その子に合った形をつくっていけます。トイレが苦手なために、友達と遊べなくなるなどの問題が予防できます。歯みがきや洗顔、入浴でも、同様の対応が必要です。

応用スキル
6

生活のなかで

年中行事で人にカードなどを贈る

1 親が、子どもにとっても身近な祖父母や親戚などと、クリスマスカードや年賀状、暑中見舞いなどのやりとりをします。

やり方

自然な流れで贈り物をする

親が敬老の日やクリスマスなどに、人にカードやささやかな贈り物をする習慣をつけます。子どもにわざとらしく説明するのではなく、自然な流れでおこなうのがポイントです。

祖母へ暑中見舞いを送ったら返事がきたことを、親が子どもに伝える

なぜ「贈り物」が大切なのか

人を思いやる機会が少ない

日頃、人の気持ちを思いやる機会が少なく、本人が積極的にそうしようという形には、なかなかなりません。贈り物を通じて、そのような機会を増やします。

人よりものに関心が向く

人よりも、ものや事実に関心が向きやすい。時間をかければ人の気持ちにも配慮できる

自閉症スペクトラムの特性

まだ字が書けない子どもには、カードに色をぬったり、シールを貼ったりしてもらうとよい

2 子どもがカードなどのやりとりに興味をもったら、子どもを誘い、親子でいっしょに書いたり飾りつけたりしてみましょう。

3 相手からお礼の電話がかかってきたら、子どもにもお礼の言葉を伝えてもらいましょう。

お金は極力使わない

　贈り物をするのはよいが、お金をかけないようにしたい。簡単なお菓子をつくったり、小物をそえたりする程度に。

POINT

どんなスキルが育つのか

人に喜ばれる体験が増える

　人の気持ちに関心が向きにくいとはいっても、身近な祖父母や親戚に喜んでもらう体験をすると、贈り物を通じたやりとりに価値を感じるようになります。人が喜ぶことをしようという意欲が育ちます。

人が喜ぶことへの関心が広がる

喜んでもらえることがうれしい

応用スキル ❼

生活のなかで

簡単な片付け方を提案する

やり方
まずはおもちゃの片付けから

子どもが幼いうちは、道具の管理など難しいことをさせるのではなく、まずは使ったおもちゃを片付けることなど、基本的なことからはじめましょう。

❶ 幼児や小学生のうちは、おもちゃや絵本などが出しっぱなしになりやすいもの。最後には親が片付けているケースも多いでしょう。

子どもにとって最初の身近な道具はおもちゃや絵本。その管理からはじめたい

なぜ「片付け」が大切なのか
「片付いた状態」を経験できる

「片付ける」「きれいにする」というのは曖昧で、自閉症スペクトラムの子にはわかりにくい表現です。実際に片付いた状態を提案することで「きれい」の基準を示しましょう。

曖昧なものはわからない

「片付ける」といった曖昧な表現を、相手の意図にそった形で受け止めることが難しい

自閉症スペクトラムの特性

ひとり用の箱や棚もよい

管理する範囲を明確にするために、ひとり用のおもちゃ箱や本棚を用意するのもよい。きょうだいで分けて管理できる。

POINT

最初は「おもちゃを箱に片付ける」くらいの簡単な整理でかまわない

2 ただ「片付けなさい」と言うのではなく、箱などを用意して片付け方を具体的に示します。子どもひとりでは難しそうであれば、片付けの前半を親が手伝い、後半から完了までを子どもひとりにやらせるとよいでしょう。子どもが達成感を得やすくなります。

3 片付ける意欲をもてるように、簡単な方法にします。その子の特性に合わせた調整も必要です。イラストを貼ったり、色分けしたりするのも、よいでしょう。

どんなスキルが育つのか

自分なりの管理が身につく

おもちゃや絵本の片付けを通じて、自分のものを自分で管理するという意識やスキルが育ちます。集団生活には欠かせないスキルです。小学校で使う文具や教科書の管理、勉強しやすい環境を整えることにもつながります。

親と相談して道具の置き場所を決め、実践していく。忘れ物や探し物で困ることが減り、集団生活に参加しやすくなる

応用スキル
8

勉強・運動・遊びで

読み書きが苦手な子にはサポートを

やり方

教えこまないで、成長を待つ

まわりの子に比べて読み書きの習得が遅れていても、あせらないでください。無理に教えこむと、学習への意欲をそこなってしまう場合があります。

絵本がうまく読めず、ほかのことで遊びたがるなら、その気持ちを尊重してかまわない

1 幼児期に絵本などを楽しめていなくても、あせって文字を教えこむ必要はありません。小学校に入れば読み書きを段階的に習えます。

なぜ「待つ」のが大切なのか

勉強嫌いになりやすい

発達にかたよりがある子には、学習面でもかたよりがみられがちです。その点に配慮せずあせらせると、子どもにつらい思いをさせ、勉強が嫌いだと感じさせてしまいます。

LD が併存することがある

自閉症スペクトラムに LD が併存していて、読み書きが極端に苦手な子もいる

自閉症スペクトラムの特性

2 小学校での勉強にうまくついていけない場合もありますが、そのときもあせらせず、親はサポートを心がけましょう。家庭で初歩から復習したり、宿題を手伝ったりして、子どもが自分のペースで学べる環境をつくります。

宿題ができなくて困っていたら、ヒントを教えたり、書くのを手伝ったりする

成績以外を評価する

成績が上がらなくても、評価できる点が必ずある。「最後までしっかりとりくんでいる」など、その子の努力できているところを言葉に出してほめるとよい。

POINT

どんなスキルが育つのか

自分のペースで学んでいける

目標優先で無理をするのではなく、自分のペース、自分のやり方で学ぶことが、行動として定着していきます。学習面でつまずき、社会参加できなくなるようなトラブルが防げます。

親は指導よりマネージメントを

親は読み書きを指導することよりも、学校や医療機関など関係各所に連絡をとり、子どもにとって学習しやすい環境を整えることに力を尽くしましょう。

とくにＬＤが併存している場合、より専門的な対応が必要です。学校に配慮や調整をお願いするマネージメントが重要になります。

ＬＤへの支援として、家庭では子どもの使いやすい教材を選んだり、学習のヒントを提示したりすることができます。学校でも教材や課題の種類、量などを調整してもらえれば、子どもは学校生活により適応しやすくなります。

応用スキル 9

勉強・運動・遊びで

楽しみながら体を動かす体験をさせる

やり方

体を動かす機会を意識的につくる

日常生活のなかで、子どもが楽しみながら体を動かす経験ができるように、親がその機会を意識的につくります。

1 ほかの子と運動や遊びをするとき、動作がぎこちなくてうまく入っていけない子がいます。しかし、苦手な動作をただ練習させても、なかなかうまくなりません。

サッカーでは、止まっているボールでも空振りしてしまう

なぜ「機会」が大切なのか

経験不足で運動嫌いになりがち

体を動かす機会が少ないと、動作がぎこちないまま各種の活動にとりくむことになり、失敗が増え、運動嫌いになってしまいがちです。

不器用になりがち

手先の動きも全身運動も、ぎこちなくなりがち。人の動きをまねすることも苦手

自閉症スペクトラムの特性

2 サッカーが苦手でも、水泳は得意という場合があります。そのように、本人が得意で興味をもてる運動があるなら、それを習い事や部活としてとり入れるとよいでしょう。

水泳が好きで得意なら、教室に通って体を動かす習慣をつける

買い物のあと、重い荷物を持つという程度の動きでよい

3 得意な動作がなかなかみつからない場合には、生活のなかで体を動かす活動を増やしていきましょう。

非日常的な動作をとり入れる

「大きな遊具によじのぼる」「床の雑巾がけ」などの動作で、日常的にはとらない姿勢や動きを体験するとよい。

POINT

どんなスキルが育つのか

体を動かすことも楽しめるように

　多種多様な動作によって、運動能力が整っていきます。からかわれたりすることが減るとともに、体を動かすことへの苦手意識もやわらぎ、運動や遊びに参加しやすくなります。

応用スキル⑩

勉強・運動・遊びで

親が勝ち負けにこだわらない

やり方

早いうちにさまざまな価値を教える

　運動や遊びには勝ち負けを競うものもありますが、勝つことだけが重要なのではないということを、早いうちに子どもに説明してください。

1 勝敗は競技のひとつの要素にすぎないことを伝えましょう。「楽しむこと」「協力すること」「あきらめないこと」「努力すること」などの重要性も説明します。

負けたことをがまんさせるよりも、よかったところを言葉にして伝えると、子どもも気持ちを切り替えやすい

2 親が勝ち負けにこだわらない態度をみせることも大切です。家庭の文化として、日頃から勝敗に過度に価値をおかないようにしましょう。

クラスで２位の成績なのにがまんできず、テストを破り捨てる

なぜ「説明」が大切なのか

勝ちにこだわる場合があるから

　子ども本人が、こだわりを自覚していない場合があります。負けたときに怒るとほかの人がどんな気持ちになるのか、紙芝居などで説明するのもひとつの方法です。

「一番病」になりやすい

努力や成長といった曖昧なものより、順位や点数など具体的な事実にこだわる。１位以外ではパニックになる「一番病」状態になる子もいる

大人になっても続く

「一番病」は成長しても続き、学校での試験や部活動などにも影響してしまう

自閉症スペクトラムの特性

どんなスキルが育つのか

結果にこだわらないで活動できる

　勝敗や順位、点数だけに重きをおかないで活動することが、行動規範として身につきます。価値の多様性を学ぶことができ、集団から浮いてしまうことが減ります。

- 勝敗はただの結果
- 勝利よりルール優先
- 負けても次がある
- 協力するのが大切

応用スキル習得の効果

意欲や興味をもって、のびのびと生活できる

自分のことができるように

基本スキルを生活のなかで応用的に使っていると、その活動が子どもの生活習慣として定着します。まずは自分のことができるようになっていきます。

生活面の自律が進む

まだ基本的には親のサポートが必要だが、なかには子どもがひとりでできることも出てくる。自分でできること・苦手なことが分かれてくる

「集中して食事を済ませ、食器を片付ける」という習慣が定着する

意欲を失わずに暮らしていける

基本スキルを身につけ、それらを応用的に使う経験を積み重ねた子は、「自分はこういうことができる」という実感をもちます。それは自信でもあり、これからの生活への意欲にもなります。

また、親の提案を聞きながらスキルを応用することで、親といっしょにとりくめばうまくいくという感覚をもちます。親の提案は自分の好みに合うというふうに理解する子もいます。

そのような実践をくり返すことで、子どもは自信や意欲をもち、親を信頼しながら、生活のさまざまな場面に、のびのびとチャレンジできるようになっていきます。

人のこともできるように

順調にいけば、身のまわりのことができるようになることで、親やまわりの人がしていることにも、サポートを受けながらとりくめるようになっていきます。

「家族全員のスプーンを並べる」というように、人のことにもとりくめるように

できることが広がっていく

自分のことだけでなく、家族の手伝いや、友達との遊びなどにもスキルを使えるようになり、活動が広がっていく

社会参加しやすくなる

生活習慣や勉強、運動、遊びなど、さまざまな活動を経験して、社会参加への意欲やスキルも育っていく

意欲があればスキルは伸びていく

基本スキルは誰にでも必要で、誰にでも身につきやすいものです。そのため、ごく簡単でとりくみやすい内容になっています。

いっぽう、応用スキルは基本スキルに比べれば複雑で、お手伝いのように、子どもによってはまだ難しいこともあります。

やや複雑なとりくみをするときに大切なのは、子どもが意欲や興味をもち、楽しんでできるかどうか。スキルを広げていくのは重要なことですが、つねに子どもの気持ちに配慮しながら、あせらずにとりくんでいきましょう。

今後の見通しがもてて、安心できる

どんなふうに育つか、イメージできるように

さまざまな場面でスキルを活用していると、子どもにできることとできないことが具体的にみえてきます。

その子にとって身につきやすいソーシャルスキルが明確になり、子どもの今後の成長がイメージできるようになるのです。

そのイメージにそって、得意な部分では親子のやりとりを増やし、その子らしいソーシャルスキルを広げていきましょう。

そして不得意な部分では無理をさせず、「人に希望を伝える」「人に手伝ってもらう」という基本スキルを中心的に使ってうまく乗りきることを教えます。

得意・不得意がわかってくる

ソーシャルスキルを育てる前に子どもの特性を理解しておくことが大切ですが、子どもに対する理解は、スキル習得にとりくむことで、より適切なものになっていきます。

得意がわかる

子どもの力が発揮されやすいことが具体的にわかってくる。それを子どもの得意分野として広げていける

不得意がわかる

親が環境を調整しても、子どもになかなか定着しないこともみえてくる。その点では無理をしないようになる

トイレでスカートをはさみこんでも、気にせず出てくる。身だしなみへの関心が薄いという特徴がわかってくる

できることが増えていくのはうれしいもの。将来に希望がもてる

得意なところが伸びていく

得意なところで応用スキルの習得を進め、不得意なところは無理をしないように、親が心がけましょう。親も子ども本人も、伸びていきやすい部分がわかり、先の見通しが立ちます。安心し、自信をもって暮らしていけます。

ソーシャルスキルが少しずつ育っていく

無理をさせないで手伝う

不得意なところまで無理にスキルを広げようとしないで、その点では親が手伝う

人を頼れるようになる

子どもは苦手なことでは人を頼れるようになる。どんな場面にも対応できるように

得意なことが確かなスキルに

得意分野でさまざまなスキルを活用し、できることを増やしていく。親子ともに、なにができるかわかってくる

成長の道すじがみえてくる

今後、できることがどのように増えていくか、その道すじがみえてくる。自信をもって努力できるようになる

コラム

生活習慣の乱れが心配されている

社会全体で子どもの生活が乱れている

近頃、基本的な生活習慣の身についていない子が多くなってきています。たとえば小学校低学年で「深夜まで起きている」「トイレが正しく使えない」などの問題が見受けられます。これはその年代の子全体にみられる現象で、一昔前にはまずなかったことです。

家庭や地域社会で、子どもに生活習慣を教えることが難しくなってきているようです。家族が多忙であったり、親どうしで教え合う機会が不足していたりと、さまざまな要因が考えられます。

自閉症スペクトラムの子はより乱れやすい

生活習慣が身につきにくい自閉症スペクトラムの子は、ほかの子以上に暮らしが乱れやすくなっています。なかには、幼いうちから昼夜逆転状態になる子もいます。

親やまわりの大人が生活習慣を正しく伝えることを意識して、積極的に関わっていかなければ、子どもの暮らしはなかなか安定しません。とくに自閉症スペクトラムの子を育てている場合には、生活習慣を一つひとつ確認し、説明していくくらいの対応が必要です。

ふきんや雑巾のしぼり方がわからず、ビシャビシャにぬれたままテーブルや床をふく子もいる

4

子どものモチベーションを高めるコツ

これまでにスキルを育てる方法を紹介してきましたが、
それらのとりくみに必ずしも子どもがのってくるとはかぎりません。
子どもが激しく拒否し、なにもできないこともあるでしょう。
そんなときには、子どものニーズやペースを読みとり、
その子のモチベーションを高める工夫をおこないましょう。

「整理」や「電車」など好みをとり入れる

大好きなテレビ番組をみているときに、基本スキルを育てようとしても、子どもの興味は引けない

活動のきっかけがほしい

子どもが「やってみたい」と感じるようなきっかけが必要。その子がもともと好きな作業や興味のあることが役立つ。

どうして？

きっかけがないから

親はスキル習得に役立つ活動だとわかっていても、子どもにはそれがわかりません。そのままではとりくむきっかけがないので、子どもの好むものごとをとり入れます。

どんなときに？

生活習慣を学ぶときに

食事や着替えなどの生活習慣や、各種の手伝いを教えるときに活用しましょう。子どもの好きな電車柄の食器や衣服を使ったり、子どもの得意な作業からはじめたりします。

「玄関の靴を並べる」ことにとりくむ。もともと好きな作業なので、苦もなく身につく

どうやって？

子どもの興味をそのまま活用する

色や数字、配置、電車、昆虫など、子どもが日頃興味をもっているものごとを、そのまま使いましょう。

子どもをよくみる

本人が自分からとりくみ、没頭できるようなことがあれば、活用できる

得意なことをとり入れる

「ものを整然と並べること」が好きなら、道具の整理整頓など、それが役に立つ場面を考える。そして子どもに提案する

趣味を適度に活用する

整理が好きではなくても、箱を色分けしたり、好きな電車のシールを貼ったりすれば、子どもの意欲を引き出せる

「電車のおもちゃを分けて集める」という作業なら、片付けでも楽しみながらとりくめる

注意点

集中させたいときは隠す

好きなものごとは基本的にとり入れたほうがよいのですが、電車柄の食器を使うとそこに気をとられ、食事に集中できない子もいます。あえて好きなものを隠すという判断が、子どもの活動をうながす場合もあります。

サポートのコツ

子どもの希望をやや先取りして提案する

潜在的なニーズはある

心の奥に「こうしたい」「あれが好き」という気持ちはあるが、幼児期にはまだそれを自覚したり表現したりできない。

違う形で表に出る

明確に表現することはできないため、自分の希望とは違うことを嫌がるというような、間接的な形で気持ちが表に出る。

どうして？

先取りしすぎも待ちすぎもよくない

親が先取りしすぎて子どもに指示ばかりするのも、子どもが自分から動くまでただ待っているのも、よくありません。「やや」先取りが、ちょうどよい刺激となります。

どんなときに？

遊ぶときや出かけるときに

遊びや外出に誘うときに、子どもが行きたがりそうなところを提案してみましょう。ただ、毎回子ども主体にはせず、ときには少しはずした選択肢も用意します。

親子でいっしょに出かけても、親の都合で行き先を決めていたら、子どものニーズにはなかなか合わない

ガーデニングをするときに子どもがよくみにくるのなら、誘いかけてみるのもよい

どうやって？

大人が少しだけリードする

親が子どもに必要なことを選んで指示するだけでは、リードしすぎです。もう少し子どものニーズによりそいましょう。その子が本当はやりたがっていることを察して、誘いかけるのが理想です。

子どもの様子をみる

言葉には出さなくても、子どもが「植物が好き」「世話をしたい」などと感じているようにみえることがある

タイミングをはかる

親の作業を子どもがながめているときなどに、自然な形で声をかけたい。タイミングや誘い方も調整する

誘いかけて反応をみる

子どものニーズをくみとるようにして誘いかけ、反応をみる。うまくいかなければ、あきらめずにまた別の提案を探す

注意点

「したいことを言ってごらん」ではダメ

ニーズをくみとるのがポイントですが、それを子ども本人にたずねるのはやめましょう。幼児や小学生は自分の希望を認識しきれていないため、たとえ答えたとしても、それが本当に本人のニーズに合致するとはかぎりません。

サポートのコツ

子どもが提案にのったら実行する

子どもがきれい好きだからといって、掃除が合うとはかぎらない。意思を確認しないと命令や指示になってしまい、子どもを苦しめる

どうして？

気持ちを確認するため

親としては子どもの趣味や希望を考慮したつもりでも、そのねらいがはずれることがあります。子ども本人の意思を確認しましょう。

どんなときに？

ルールを決めるとき

「わが家ルール」を決めるときや、お手伝いを頼むとき、家事を教えるときなどには、子どもの気持ちを確かめることが大切です。

子どもの反応をみて

まだ幼い子は、親の提案にうまく答えられない場合もある。言葉では「わかった」と言っていても、反応が悪ければ提案を見直す。

どうやって？

意見が合うかどうか確かめる

親が子どもにスキル習得につながる活動を提案し、子どもがその提案に納得できたら、実行に移すようにします。親子の間で合意を形成することが、じつはとても重要です。

同じ掃除でも「雑巾がけ」ではなく「ワイパーで床掃除」なら意欲的にとりくめる場合もある

提案する

親が子どもに「これがやりたいんじゃない？」という形で、希望をやや先取りした提案をおこなう

合意する

子どもは「そうだ」「自分はこうしたかったんだ」と気づき、親の提案にのる。合意が形成される

実行する

提案を親子で実行する。子どもは納得しているので、意欲的にとりくめる。さまざまなスキルが育っていく

再提案する

子どもがのってこなければ、親が活動内容を考え直し、再提案する。しばらく間をおいてからでもよい

注意点

合意なしに実行しない

再提案しても子どもが納得しないなど、合意が形成できないときには、無理に実行せず、スキル習得のための活動をとりやめましょう。あせれば子どもに無理をさせてしまいます。また別の機会に考えてみてください。

サポートのコツ

予定をつめこみすぎないようにする

どうして？

つい活動が多くなる

ソーシャルスキルを育てようとすると、あれもこれも実践したくなり、活動が多くなっていきます。つい予定をつめこんでしまいます。

どんなときに？

生活リズムを見直すとき

生活リズムが乱れがちな人は、予定をつめこみすぎて、親も子も疲れていないかどうか、確認してみてください。

子どもには休養が必要

自閉症スペクトラムの子は対人関係が苦手なので、グループに入るだけでも疲れる。ほかの子よりも多くの休養を必要とする。

興味のあることでも、習い事の教室で集団活動をすれば疲れる。次の予定は入れないようにする

宿題などが終わり、余裕ができたときにスキル習得のための活動にとりくむ

どうやって?

1日単位、1週単位でチェックする

子どもの活動が1日のなかで特定の時間帯に集中しすぎている場合や、1週間に予定がいっぱいつまっている場合には、見直しが必要です。

時間帯を限定しない

元気な朝や帰宅後の夕方など、特定の時間帯に活動を集中させると、子どもに過度の負担がかかり、スキル習得につながりにくい。時間帯を決めすぎず、親子でリラックスできるときに活動するとよい

人のことよりまず自分

親やきょうだいなど、ほかの人にペースを合わせるのは大変。子ども本人のペースに配慮してスキル習得にとりくむ

休む日をつくる

1週間通して休みのないスケジュールでは、負担が大きすぎる。予定を入れず、休む日をもうける

注意点

たとえ療育でも予定は少なめに

平日は学校、休日は習い事や療育機関での活動が忙しく、ほとんど休めていない子もいます。しかしたとえ子どもの特性に合った療育だとしても、その子が疲れ果ててしまっては、効果は望めません。用事を減らしましょう。

サポートのコツ

同じタイプの子といっしょなら学びやすい

小学校の社会科見学のような集団行動で、ひとりだけマイペースな行動をして、注意されてしまう

一斉指示では学びにくい

先生がクラス全体に出す一斉指示を聞き、ほかの子と同じように行動するのは苦手。集団では適切なふるまいがなかなか学べない。

どんなときに？

どこかへ出かけるときに

公園やレジャー施設などに出かけるとき、同じように自閉症スペクトラムの特性がある子といっしょだと、ペースが合いやすくなります。

どうして？

ほかの子とペースが合わない

自分のペースを優先するため、集団行動ではほかの子どもたちと足並みがそろわず、学ぶというよりも困ることが多くなりがちです。

同じタイプの子どもどうしなら、親どうしも悩みや工夫を相談しやすい

どうやって？

仲間がみつかったらいっしょに

同じタイプの子と共同作業をしたり、いっしょに出かけたりする機会があれば、積極的に参加しましょう。ひとりでも仲間がみつかれば十分です。

同じタイプの子と

自閉症スペクトラムの特性がある子に出会えたら、相手の家族も含めていっしょに活動してみる

自閉症スペクトラムの子の家族が集まる「親の会」、医療機関や教育機関（通級指導教室など）、療育機関がつくっている当事者グループなどで、仲間がみつかりやすい。

まずは親子で

同じタイプの子に出会えない場合には、無理に探そうとせず、親子で活動する。それでも十分に学べる

気の合う子もよい

自閉症スペクトラムではない子でも、趣味が合い、行動のペースが似ているなら、いっしょに活動してみるのもよい

注意点

診断にこだわりすぎない

同じタイプであれば、診断があってもなくてもかまいません。わが子が未診断で相手の子に診断があるという場合でも、子どもどうしの特性が似ていて、活動のペースが合っているなら、いっしょに出かけてみましょう。

コラム

好きなものはごほうびになる？

与えるだけでは「もの」が目的に

子どもが家事や持ち物の管理などにとりくみ、親の期待している成果を出したときに、親がごほうびとしてシールやお菓子、こづかいなどの「もの」やお金を与えているケースがあります。

やり方にもよりますが、それを続けてきた子のなかには、言われたことをすればものをもらえると理解し、報酬なしには動かなくなってしまう子がいます。

○ **やりとりを大切にする**
- 子どもに感謝を伝える
- 子どもも喜びを感じる
- ふせんやシールも使う

× **ものを与えて喜ばせる**
- 機械的にものを与える
- 成功したときだけほめる
- それがルール化してしまう

ただ与えるだけでなくやりとりも大切に

ものだけが目的にならないように、子どもへの感謝を、その子にわかりやすい形で伝えましょう。

表情や態度では、なかなか伝わりません。ふせんに文字で「ありがとう」と書いて渡したり、ノートに花丸を書いたりするほうが、親の感謝がよく伝わり、子どももうれしい気持ちになれます。

そのように、やりとりを大切にしながらであれば、ものを使うのもけっして悪くはありません。

5

親も子どもといっしょに成長していく

子どもがさまざまな活動を通じて
ソーシャルスキルを身につけていくとき、
じつは親の子育てスキルも上がっていきます。
親は子どもの特性への理解を深め、
その子本来の力を引き出せるようになっていくのです。

本田先生からのメッセージ

この時期にもっとも大切なこと

幼児期に大切なのはスキルの土台づくり

この本のタイトルは「ソーシャルスキルを育てる本」となっていますが、ここまで読んでくださった方にはもうおわかりの通り、**じつは幼児や小学生の頃には、それほど高度なソーシャルスキルは育ちません。**

この本で紹介しているのは、スキルを育てるというよりは、社会性の土台をつくるというような、ごく基礎的なとりくみばかりです。そういう意味では、この本を手にとって、拍子抜けしたかもしれません。

しかし、自閉症スペクトラムの子のソーシャルスキルを育てるためには、じつはそうやって**土台を築くことが、社交術を形だけ教えることよりもはるかに重要です。**

どうして土台づくりからはじめるのか

なぜ土台が重要なのか。それは、**幼い頃にはまだ土台しか育たないから**です。また、その基礎をおろそかにして、あとから土台を育てようとしても難しいからです。

自閉症スペクトラムの子は、対人関係が苦手です。あいさつや会話のような社交術は、彼らにとっては応用的で難しいソーシャルスキルです。幼い頃に身につくものではありません。**いきなりそんな高度なことをやらせたら、彼らは失敗をくり返し、人と関わることが嫌になってしまう**でしょう。

では、彼らが無理なく身につけることのできる、彼らなりのソーシャルスキルとはなにか。それがこの本で解説しているスキルの土台、5つの基本スキルなのです。

土台ができれば意欲と価値観が育つ

もうひとつ、大切なことがあります。5つの基本スキルの育て方を振り返ってみてください。子どもを育てる方法なのに、やり方を工夫したり、がんばったりするのは、どちらかといえば子どもよりも親です。

もうおわかりかもしれませんが、**子どものスキルを伸ばすために変わらなければならないのは、その子本人ではなく、親やまわりの大人**なのです。これも、この本で伝えたい重要なテーマのひとつです。

親やまわりの大人が、子どもの希望を少しだけ先取りして、その子の思いが形になるようなやりとりをすれば、その子のソーシャルスキルは伸びます。**その子は人と関わることへの意欲をもち、その子なりのやり方で人と関わろうとします。**社会に対する意欲と価値観。それを育てるために親やまわりの大人が変わること。それこそが、この時期にもっとも大切なことです。

親もスキルアップ

子どもの得意・不得意がわかる

不安も解消する

多くの親は「自閉症スペクトラム」といわれても、その詳細がわからず、不安になる。子どもの特性がわかってくると、その不安が解消していく。

どうして?

いろいろと手伝うから

子どもの活動をいろいろと手伝ううちに、その子の得意なこと、苦手なことが少しずつわかってきます。親も知らず知らずのうちにスキルアップしているのです。

どんなときに?

生活習慣を確認するとき

食事や着替え、トイレなどの手順を確認したり、手伝ったり、教えたりするときに、その子の特性がよくわかります。

自閉症スペクトラムを理解したくて本を読んだり、夫婦で相談したり。最初は不安で仕方がない

自閉症スペクトラムの子は分量が曖昧なものの配膳は苦手。それがわかれば、カップ入りのヨーグルトのように１人１個でわかりやすいものを配ってもらおうと判断できるようになる

どうやって？

できていることに目を向ける

子どもの活動を見守り、困っているところを手伝うようにすると、手を貸さなくてもすでにできているところがみえてきます。それが子どもの得意なことだとわかってきます。

できることを知る

子どもができること、自分からやりたがることなどを通じて、その子の得意分野や興味を理解する

子どもへの理解が深まる

日々のやりとりによって、子どもへの理解が深まる。できること・できないことが把握できていく

親の対応も変わる

理解が深まれば、それにそって対応を調整できる。親の手伝い方や教え方もより適切になっていく

注意点

最初の理解にとらわれないで

子どもは日々、成長していきます。最初は得意にみえたことが、年齢を重ねるなかで、そうではなくなることもあります。その逆もあります。最初の理解にとらわれず、つねに子どものいまの姿をよくみて、理解を深めましょう。

親もスキルアップ

無意識に手伝ってしまうことが減る

どうして？

自律スキルも伸びるから

ソーシャルスキルが伸びると、自律スキルも伸びます。子どもはできることを自分でするようになっていきます。

どんなときに？

食べたり着替えたりするときに

子どもが身のまわりのことを自分でしようとしているときに、無意識に手を貸すことが減ります。

着替えを用意しておけば、着替えたり、脱いだ服を片付けたりすることはまかせられるとわかってくる

見守れるようになる

子どもが自分でできることに気づくのと並行して、親は手伝うことと見守ることを区別できるようになる。

まかせても大失敗しないだろうとわかってくれば、安心して頼める

どうやって？

子どもの成長を知り、手を引く

子どもが意欲的にとりくめていることには、手を貸しすぎないようにしましょう。基本的にはサポートしたほうがよいのですが、少し手を引くことも大切です。

親がぜんぶ手伝っていた

最初は子どもがつらい思いをしないように、親が全面的にサポートして、生活習慣を教えていく

少しずつ本人にまかせるように

「ここまで手伝えば、あとは本人ができる」というポイントがみえてくる。本人にまかせるようになっていく

本人も親もスキルアップ

子ども本人のできることが増えれば、親が手伝うことは減る。子どもの成長は親の成長でもある

注意点

支援ゼロにはしない

子ども本人の意欲や活動を尊重するのはよいのですが、そのままサポートを減らし、支援ゼロの状態にして、子どもに自立を求めてはいけません。自閉症スペクトラムの特性には配慮が必要です。できることが増えても、一定の支援は必要だと考えてください。

親もスキルアップ

わが子が楽しむ姿に目が向くようになる

子どもを尊重できる

子どもが独特の行動パターンをみせていても、それが社会のルールからはずれることでなければ、尊重できるようになる。

どうして？

独特の楽しみ方がわかってくる

自閉症スペクトラムの子の興味や関心は独特のものだということがわかってきます。それを尊重できるようになります。

本来は数人で遊ぶタイプのおもちゃを、ひとりで黙々と操作し、その記録をとって楽しむ

どんなときに？

勉強や運動、遊びのときに

子どもが絵本や教科書を読むときや、競技や遊びをしているときに、その子ならではの楽しみ方がみえてきます。

アニメが大好きで、そのことばかり話していても、それを気にするよりも生活にいかそうと考えられる

どうやって？

「ふつう」を気にしすぎないように

親は多くの場合、自閉症スペクトラムの可能性がわかった当初は、子どもに「ふつう」に育ってほしいと願いがちです。しかし、その子の特性が理解できてくると、「ふつう」を気にしないで、その子らしい姿を見守れるようになっていきます。

できることがみえてくる

子どもができることがみえてきて、その子のこれからの発達の道すじもわかってくる。不安がやわらぐ

余裕をもって見守れる

子どものやり方やペースが独特のものでも、それを直そうとせず、ゆったりと見守れるようになる

できなくてもあせらない

うまくできないことがあっても、適度にサポートできる。子どもをあせらせず、親もあせらずに対応できる

注意点

ただ受容するのではダメ

自閉症スペクトラムの特性に基づく言動だからといって、なにもかも受容する必要はありません。社会のルールから逸脱するやり方があれば、幼児や小学生のうちに、適切なやり方になるよう、調整していきましょう。

親もスキルアップ

子育てへの無力感が解消していく

いろいろなことがあったけれど、あきらめずに対応してきてよかったと、一息つける日がくる

どうして？

子どもの成長が感じられる

親としてのさまざまな工夫が、子どもの成長という形で実を結ぶようになります。その達成感や安堵感によって、無力感がやわらいでいきます。

どんなときに？

スキルの広がりをみて

子どもが基本スキルを習得し、生活のなかで応用している姿をみていると、子育ての効果ややりがいが感じられます。

葛藤がやわらいでいく

自閉症スペクトラムを受け止めて対応しなければという思い、「ふつう」に育ってほしいという願いなど、さまざまな葛藤がやわらぎ、気持ちが落ち着いてくる。

コツコツ作業するのが好きな子だから、もやしのひげ根とりを頼んでみようなどと、試行錯誤できる

どうやって？

無理することが減っていく

子どものなにを手伝い、子どもになにを教えればよいか、わかってきます。闇雲にがんばり、無理をしなくてもよくなり、楽になります。

育て方がわかってくる

子どものソーシャルスキルを育てる方法がわかってくる。子育てへの自信が回復する

試行錯誤を続けられる

多少うまくいかないことがあっても、試行錯誤して、ほかの方法を探っていける

安心して日々をすごせる

「このやり方でやっていける」という確信がもてる。安心して子どもと向き合える

注意点

ひとりで受け止めないで

子育てへの葛藤を親がひとりで受け止めていて、家族の協力がない状態では、根気強く試行錯誤していくのは難しいでしょう。ひとりで抱えこまず、家族にも相談して、全員でとりくんでいけるようにしたいものです。

コラム

思春期に向けて準備すること

無理をしないことが最良の準備になる

幼児や小学生のときに対人関係で失敗をくり返した子が、ソーシャルスキルをうまく身につけることができず、徐々に人と関わることをさけたり、こわがったりするようになる場合があります。

なかには、思春期を迎える頃に外出することさえつらくなり、不登校やひきこもりの状態になってしまう子もいます。

そのような事態を防ぐための最良の方法が、幼い頃に無理をさせないことです。無理に社交術を教えこんだり、無理やり集団行動をさせたりしなければ、そこまで深刻な状況にはならないでしょう。

幼児・小学生のテーマは「意欲」

そういう意味では、幼児や小学生の時期のテーマは、子どもの意欲を守ることだといえます。

人と関わることに価値を感じ、人と関わりたいという意欲をもったまま成長していけるように、サポートしてください。

子どもが意欲をもてること。子どもの意欲を守ること。それを意識しながら、この本のとりくみを実践していってください。

子どもの意欲をなによりも大切に。それが幼い時期の対応の基本

■ 監修者プロフィール

本田秀夫（ほんだ・ひでお）

信州大学医学部子どものこころの発達医学教室教授。特定非営利活動法人ネスト・ジャパン代表理事。精神科医師。医学博士。1988 年、東京大学医学部を卒業。同大学附属病院、国立精神・神経センター武蔵病院、横浜市総合リハビリテーションセンター、山梨県立こころの発達総合支援センター、信州大学医学部附属病院をへて、2018 年から現職。日本自閉症協会理事。

主な著書に『自閉症スペクトラム　10 人に 1 人が抱える「生きづらさ」の正体』（ソフトバンク クリエイティブ）、『自閉症スペクトラムがよくわかる本』（監修、講談社）など。

日戸由刈（にっと・ゆかり）

相模女子大学人間社会学部人間心理学科教授。博士（教育学）。公認心理師。臨床心理士。臨床発達心理士。精神保健福祉士。筑波大学大学院修士課程教育研究科修了。横浜市総合リハビリテーションセンターをへて、2018 年より現職。発達障害の人の幼児期から成人期へといたるライフサイクル全体への支援をおこなっている。主な著書に『わが子が発達障害と診断されたら』（共著、すばる舎）、『発達障害の子の立ち直り力「レジリエンス」を育てる本』（共同監修、講談社）など。

健康ライブラリー

自閉症《じへいしょう》スペクトラムの子《こ》の
ソーシャルスキルを育《そだ》てる本《ほん》
幼児《ようじ》・小学生編《しょうがくせいへん》

2016年10月 5 日　第1刷発行
2023年12月12日　第9刷発行

監修　本田秀夫（ほんだ・ひでお）
　　　日戸由刈（にっと・ゆかり）

発行者　髙橋明男

発行所　株式会社 講談社
東京都文京区音羽 2 丁目-12-21
郵便番号　112-8001
電話番号　編集　03-5395-3560
　　　　　販売　03-5395-4415
　　　　　業務　03-5395-3615

印刷所　TOPPAN株式会社

製本所　株式会社若林製本工場

N.D.C.493　98p　21cm

ISBN978-4-06-259853-8

● 取材協力
萬木はるか（京都市発達障害者支援センター「かがやき」）

● 編集協力　オフィス 201（石川 智）

● カバーデザイン　谷口博俊（next door design）

● カバーイラスト　豊島 宙

● 本文デザイン　南雲デザイン

● 本文イラスト　植木美江

※本書の情報は、基本的に 2016 年 9 月現在のものです。

■ 参考資料・参考文献

本田秀夫著
『自閉症スペクトラム　10 人に 1 人が抱える「生きづらさ」の正体』（ソフトバンク クリエイティブ）

本田秀夫／日戸由刈編著
『アスペルガー症候群のある子どものための　新キャリア教育――小・中学生のいま、家庭と学校でできること』（金子書房）

本田秀夫監修『自閉症スペクトラムがよくわかる本』（講談社）

柘植雅義監修、本田秀夫編著
『発達障害の早期発見・早期療育・親支援』（金子書房）

手島将彦＋本田秀夫著
『なぜアーティストは生きづらいのか？
個性的すぎる才能の活かし方』（リットーミュージック）

藤野博／日戸由刈監修
『発達障害の子の立ち直り力「レジリエンス」を育てる本』（講談社）

『こころの科学』2014 年 3 月号（日本評論社）
本田秀夫編「特別企画　自閉症スペクトラム」

講談社　健康ライブラリー　シリーズ

自閉症スペクトラムがよくわかる本

信州大学医学部子どものこころの発達医学教室教授
本田秀夫　監修

原因・特徴から受診の仕方、育児のコツまで、
基礎知識と対応法が手にとるようにわかる！

ISBN978-4-06-259793-7

発達障害の子の立ち直り力「レジリエンス」を育てる本

藤野博、日戸由刈　監修

失敗に傷つき落ちこんでしまう子どもたち。
自尊心を高めるだけではうまくいかない。
これからの療育に不可欠なレジリエンスの育て方。

ISBN978-4-06-259694-7

自閉症スペクトラムの子のソーシャルスキルを育てる本

思春期編

本田秀夫
日戸由刈　監修

「幼児・小学生編」に続いて、
思春期に身につけたいソーシャルスキルと
その育て方を、図解でわかりやすく紹介します。
幼児や小学生の時期には、ソーシャルスキルを育てるために
親が子どもを積極的にサポートすることが大切です。
しかし思春期には、サポートの仕方を変える必要があります。
思春期に親ができることとはなにか。
「幼児・小学生編」とあわせて読んでいただきたい一冊です。

好評発売中

ISBN978-4-06-259854-5